P9-AFO-805

TEATRO DOCUMENTAL LATINOAMERICANO

COORDINACIÓN DE HUMANIDADES
SERIE TEATRO

PEDRO BRAVO-ELIZONDO

TEATRO
DOCUMENTAL
LATINOAMERICANO

UNIVERSIDAD NACIONAL AUTÓNOMA DE MÉXICO
MÉXICO 1982

Primera edición: 1982

DR © 1982, Universidad Nacional Autónoma de México
Ciudad Universitaria, 04510 México, D. F.

Dirección General de Publicaciones

Impreso y hecho en México
ISBN 968-58-0339-0

ADVERTENCIA

Todo idealismo, toda oposición
entre el mundo de las ideas
intemporales, de los valores
absolutos, de las normas puras,
y el mundo de la experiencia y
de la práctica, significa en
cierto modo un apartamiento de
la vida y una retirada a la pura
contemplación y lleva consigo la
renuncia a cambiar la realidad.

Arnold Hauser
Historia social de la literatura y el arte

Pensar, o ejecutar, o escribir
un drama significa, además:
transformar la sociedad, transformar
el Estado, controlar las ideologías.

A mi padre

LA REALIDAD LATINOAMERICANA
Y EL TEATRO DOCUMENTAL

I

Los críticos coinciden en fijar el nacimiento de un teatro nacional latinoamericano —en cuanto a literatura dramática— hacia fines del siglo pasado con el asentamiento de las diferentes etnias, española, portuguesa, africana y nativa.

Las emigraciones europeas y el régimen de dependencia económico y político, convierten a las capitales latinoamericanas en copias de las grandes ciudades europeas, y la burguesía nacional aculturada impone los moldes teatrales en boga, eliminando o dejando de lado la incipiente dramaturgia local. Dumas, Hugo, Offenbach, García Gutiérrez, el duque de Rivas, son los autores de moda, dignos de ser imitados. Tal desarraigo no alcanza a las regiones apartadas, donde aún subsisten formas teatrales que son la mera prolongación de tradiciones prehispánicas: incas, mayas, kunas. Esta cultura popular, fusión de las prehispánicas, africanas y europeas, perdura, por caso, en las Fiestas Pascuales de Oriente en Venezuela, con las danzas de "La Culebra", "El Pájaro Guarandol", "El Carite" y otros.

El teatro nacional, del cual hablaba al comienzo, entronca e inserta el ser latinoamericano en la dramaturgia de cada pueblo. La novela *Juan Moreira* de Eduardo Gutiérrez, cuya versión teatral se presenta en el Politeama de Buenos Aires (1884), señala el inicio del teatro gauchesco en el Río de la Plata. Un crítico apunta,

El fondo social condujo a una fuerte intención naturalista, con ribetes del anarquismo político que palpitaba en los núcleos metropolitanos del Río de la Plata. En este desarrollo influyen el Ibsen realista, el teatro de tesis francés, el naturalismo italiano de Rovetta y Bracco, y el socialismo de espectáculo de Dicenta, y la suma de todas estas fuerzas es un teatro regionalista, con fuerte elemento de cuadro de costumbres, el estudio clínico de carácter, y una marcada intención sociopolítica.[1]

Florencio Sánchez (1875-1910) conducirá este teatro nacional a su máxima expresión con *M'hijo el dotor* (1903), *La gringa* (1904), *Barranca abajo* (1905) y otras.

Este movimiento de renovación teatral, americano en esencia, inaugura otra variante, también en Argentina, cuando en marzo de 1923 se presenta en el Teatro Nacional de Buenos Aires la obra *Mateo*, de Armando Discépolo (1887-1971). El "grotesco criollo"

visto(s) desde una perspectiva histórico-crítica, se manifiesta(n) como una especie de elaboración temprana de lo que más tarde sería visto como una nueva sensibilidad referida al caso específico del teatro.[2]

La misma autora en sus conclusiones remata la idea de un teatro eminentemente nacional, cuando dice.

. . .El grotesco criollo no cayó en un vacío. Creemos

[1] Frank N. Dauster, *Historia del teatro hispanoamericano: siglos XIX y XX* (México: Ediciones de Andrea, 1973) 2ª. edición, p. 30.

[2] Claudia Kaiser-Lenoir, *El grotesco criollo: estilo teatral de una época* (La Habana: Casa de las Américas, 1977), p. 26. La obra mereció el Premio Ensayo de Casa.

que esta revitalización se debe no solamente a que en cuanto a sus personajes, lenguaje y ambiente, éste fue, junto con el sainete y el teatro gauchesco, uno de los primeros intentos de hacer de la *realidad nacional un objeto de creación artística* (199).

Mi subrayado tiende a enfatizar la idea que presenté como tesis inicial.

En Cuba, el "teatro bufo" arraiga en los problemas nacionales y la obra *Perro huevero aunque le quemen el hocico* (1869), representada en el Teatro Villanueva, de Juan Francisco Valerio, provoca una violenta reacción de parte del régimen español dominante en la Isla. Durante la representación:

cubanas con pelo suelto, cintas blancas y azules, expresaban su inconformidad con el despotismo español. Y fue bajo el pretexto de un "¡Viva Cuba!" dicho después que uno de los actores gritó: "¡Que vivan los ruiseñores que se alimentan con caña!" (donde la palabra ruiseñores hacía referencia a los insurrectos cubanos), que los voluntarios españoles hicieron su intervención armada con pérdidas de vidas cubanas.[3]

A estos ejemplos podría añadir el "teatro costumbrista" de Chile, Brasil, Perú, México, que agregan a la visión del hombre latinoamericano una realidad específica y localista con las mismas constantes sociales, políticas y económicas.

Con este teatro nacional inserto en la realidad americana enlaza, según mi entender, el teatro documental latinoamericano al dramatizar y buscar lo propio, su identidad,

---

[3] Matías Montes Huidobro, *Persona. Vida y máscara en el teatro cubano* (Miami: Ediciones Universal, 1973), p. 69.

enriqueciendo este teatro con los aportes europeos, en este caso, el alemán, proceso natural dentro de las leyes que rigen la literatura en lo que a influencias se refiere.

Este teatro necesario, en el contexto de algunas naciones, no da lugar para la tragedia individual, sino la colectiva; refleja un mundo desajustado por razones históricas, políticas, religiosas y económicas. El drama individual sólo logra relevancia en el contexto colectivo. Lo testimonial e histórico adquiere preponderancia, aunque el juego escénico se plasme de imágenes y abstracciones para conllevar el mensaje artísticamente. Aquí tal vez valga un paréntesis. Dramaturgos y críticos latinoamericanos coinciden con la expresión vertida por Manuel Galich (en la Cuarta Sesión Mundial del Teatro de las Naciones efectuada en Caracas, entre el 2 y 6 de julio de 1978) sobre el valor estético de una dramaturgia popular y social. Cito a Galich porque su posición ideológica no es un secreto para nadie que conozca el teatro latinoamericano contemporáneo.

> Un teatro y una dramaturgia que posean valores estéticos, aunque no tengan necesariamente un contenido político y social, como los ha habido y los hay en América Latina, antes y ahora, no son incompatibles con el movimiento teatral revolucionario y popular. *Más bien consideraría incompatible con ese movimiento un espectáculo carente de lenguaje teatral*, es decir, *antiestético y discursero, aunque su intención fuera la más revolucionaria del mundo.* Lo mal hecho es siempre contrarrevolucionario, se vista como se vista (el subrayado es mío).

Este teatro latinoamericano inscrito en la estética de la participación, más que en la de la observación, presenta ciertas constantes, como la de ser un instrumento estético de concientización. Busca a y va hacia las masas populares

14

para lograr su inmediata participación, lo que le permite a su vez modificar el producto artístico y utilizarlo en la formación de su propia cultura. Esto significa el rechazo del comercialismo, y la adquisición de un carácter experimental, desarrollando nuevas experiencias, estilos y tendencias.

Este nuevo teatro tiene estrechos puntos de contacto con la denominada "creación colectiva" que es, la más de las veces, expresión y testimonio de una visión crítica y dinámica de la sociedad, por medio de un lenguaje rico y desenfadado, y el valioso aporte de los valores autóctonos, música, canto y danza.

Sin menoscabo de grupos teatrales ya establecidos en esta línea, cabe destacar lo que el grupo La Candelaria, de Colombia, el Teatro Experimental de Cali (Colombia); el Teatro Libre de Córdoba; Cuatro tablas de Perú; el ICTUS y Grupo Aleph, de Chile; el Colectivo Nacional de teatro, de Puerto Rico; Teatro de Participación Popular, el Escambray, el Teatro La Yaya, el Conjunto Dramático de Oriente, éstos de Cuba, han logrado en esta dramaturgia de compromiso. ¿En qué reside la importancia de este teatro para América Latina? Francisco Garzón Céspedes asevera:

La importancia renovadora de la creación colectiva dentro del teatro latinoamericano está marcada: por sus métodos de investigación y análisis para conocer y recrear la historia, el proceso de lucha de nuestros pueblos, y la problemática de una comunidad, zona o sector social específicos; por su dinámica que permite a cada miembro de los grupos emplear al máximo dentro de un orden dado su capacidad creadora, y ofrece como uno de sus resultados, partiendo de los orígenes mismos del teatro como suceso popular y colectivo, una práctica teatral que se desenvuelve en calles, plazas y montes, fundamen-

talmente alejada de los escenarios tradicionales. . .; por
su autenticidad, por su indagar en la esencia de lo latinoamericano; por los elementos de nuestra identidad,
y de nuestra cultura, contenidos en el tema, el lenguaje, y las expresiones gestuales, plásticas y musicales que
emplea. . .[4]

En cuanto a la significancia de este tipo de teatro, en un
contexto social, Jorge E. Adoum nos da una opinión, cuando dice:

(El arte). . . no da soluciones, eso se sabe, sino que
plantea preguntas; no da explicaciones, las exige. Las
grandes interrogaciones humanas inmediatas no piden
respuestas artísticas, sino una fractura de la historia,
dolorosa y violenta que no puede ser realizada por la literatura. Esta cuando más, solamente la anuncia y se
adhiere. En los casos más nobles, hasta sus últimas consecuencias.[5]

II

En 1961 Adolf Eichmann es juzgado en Israel por crímenes de guerra contra el pueblo judío. Frente a las cáma-
ras de t.v. se desarrolla el segundo drama del nazismo
(Nuremberg fue el primero). Un hombre en una cabina de
vidrio a prueba de balas sirve de recordatorio en las nacio-

[4] Francisco Garzón Céspedes, *El teatro latinoamericano de creación colectiva* (La Habana: serie Valoración Múltiple, 1978). Com-
pilación y prólogo de Garzón Céspedes.

[5] "El realismo de la otra realidad", en *América Latina en su literatura*, editada por César Fernández Moreno (México: Siglo XXI, 3ª
edición, 1976).

nes del mundo de que los crímenes contra la humanidad no desaparecen con sus víctimas. El impacto sobre una Alemania que ha olvidado los horrores de la época nazi inicia el rebrote de diarios, ensayos, libros, y marca el resurgimiento del teatro documental en Alemania, que desapareciera en 1933, con la ascensión de Hitler al poder.

El teatro documental sigue la tradición del teatro político de Piscator y del teatro épico de Brecht que se originaran durante la década de los 20^S. Piscator resumió el propósito del t.d. al comentar la actitud de sus compatriotas: "Al rehusar enfrentar el pasado, están evadiendo las consecuencias necesarias, esto es: aprender una lección mediante el pasado." El t.d. persigue dos objetivos básicos: entregar los resultados de la investigación histórica hecha por el autor y crear una revaluación del hecho histórico en el auditorio.

Rolf Hochhuth (1931) es el primero en dar a conocer ese pasado en su obra *El vicario,* que dirige el mismo Piscator en 1964. Con ella persigue relatar los incidentes que inducen al papa Pío XII a silenciar la voz de la Iglesia ante las atrocidades nazis. El papa, en la obra, representa a quienes adoptaron igual actitud. Heiner Kipphardt (1922) escribe y Piscator dirige en 1964, *El caso de J. Robert Oppenheimer*, basado en el informe de la Comisión de Energía Atómica (1954), consistente de 3,000 páginas, y que pone en tela de juicio el rol del científico en el mundo actual. En contraposición al *Galileo Galilei* de Brecht, que sacrifica el punto de vista moral por el interés científico, el *Oppenheimer* de Kipphardt presenta al sabio comprometido con la humanidad y no con un gobierno determinado. El mismo Oppenheimer desaprobó la interpretación teatral, aprobando en cambio la versión del francés Jean Vilar, *Le Dossier Oppenheimer* (1965).

Peter Weiss (1916) salta a la fama con *Marat-Sade* (1964) en la cual mezcla realidad y ficción, para luego incorporarse de lleno al teatro documental con *La investigación* (1965), basada íntegramente en documentos del juicio relativo al campo de exterminio de Auschwitz. Estos no son los únicos dramaturgos alemanes representativos del t.d., pero sí los más destacados internacionalmente.

De los dramaturgos citados, es Peter Weiss quien se convierte en el teórico del teatro documental. En 1968 publica en *Theater Heute* (número correspondiente a marzo) sus "Catorce Proposiciones para un Teatro Documental".

En sus proposiciones Weiss define las fuentes del teatro documental (t.d.), basado en relaciones e informes verídicos. Este teatro selecciona su material, para converger hacia un tema social o político. No altera el contenido del suceso, sino que estructura su forma. Si el t.d. va hacia el pasado, las preguntas claves que debe resolver son: ¿por qué un personaje histórico, un periodo, una época, son sepultados en el olvido; quiénes se benefician con esta omisión? El t.d. actúa, en este sentido, como una memoria universal. Sin embargo, el t.d. tiene que usar métodos distintos a aquellos que convienen a una interpretación política directa. El escenario del t.d. no representa la realidad de un momento dado, sino la imagen de un fragmento de la realidad. El t.d. político rehuye asumir la forma de una manifestación pública. El teatro es, en última instancia, una producción artística, no un panfleto, ni una masa vociferante.

Cuando el t.d. ha transformado, mediante el análisis, la crítica y el estudio, el material con el cual trabaja, y lo ha permeado con las funciones de un producto artístico, entonces el trabajo dramático se convierte en instrumento de lucha en la formación de un pensamiento político. Hasta aquí Peter Weiss comenta las fuentes y forma que adquiere el t.d. Luego sus proposiciones van a lo teatral, desde el "esquema modelo" que el t.d. constituye de los hechos contemporáneos, hasta las motivaciones, situaciones dramáticas que acentuarán el constante choque de desigualdades en una sociedad, haciendo uso de grupos, no de caracteres dramáticos o de evocaciones de atmósfera, sino de "campos magnéticos" de tendencias. El t.d. toma partido, adopta una posición definida. Está en su esencia esta cualidad, ya que se basa en hechos concretos. Como lo sugiere Weiss, "el único epílogo posible de muchos de sus temas, es una condenación". Cuando se desea representar el pillaje y el genocidio, es justificable en el t.d. utilizar la técnica del "blanco y negro", sin ninguna consideración hacia los criminales, expresando hacia los explotados toda la solidaridad de la que el t.d. pueda ser capaz.

Sugiere Weiss, como ya lo hiciera Brecht, que la forma y estructura de un tribunal teatralmente convienen al t.d. por sus posibilidades artísticas y alto grado de tensión y distensión que provoca en el público.

El t.d. sólo es posible con un grupo estable que posea una sólida formación sociopolítica, liberado del control oficial y que gane su público en las fábricas, escuelas, sitios públicos. Se opone violentamente al punto de vista absurdo del teatro, pues el t.d. insiste que la realidad, cualquiera que sea la oscuridad que la enmascara, puede ser explicada en sus mínimos detalles.

III

En Latinoamérica, el mexicano Vicente Leñero (1939), novelista y cuentista, es quien inicia formalmente el t.d., con la escenificación de *Pueblo rechazado* (1968), basada en el caso del padre Gregorio Lemercier. Más tarde recreará la vida de Ernesto Guevara en *Compañero* (1970), apoyándose en los escritos del Che.

La adaptación de *Los hijos de Sánchez*, estudio socioantropológico de Oscar Lewis, fue otro de los éxitos teatrales de Leñero, al que se agregó *El juicio* (1972) basado en la versión del juicio contra José de León Toral y la madre Conchita, por el asesinato de Alvaro Obregón.

En la introducción a *Pueblo rechazado* (México: Cuadernos de Joaquín Mortiz, 1969) Leñero asegura: "No deseaba escribir un documento histórico, deseaba escribir una obra de carácter documental, que por supuesto no es lo mismo." Esto ocurrió en la ciudad de México, dentro del programa cultural de la XIX Olimpiada, en el Teatro Xola, el 15 de octubre de 1968.

La Compañía de Teatro Nuestra América, que dirige Felio Elial, presenta en México (1978) la obra *General de hombres libres* basada en texto de Ernesto Cardenal, sobre la vida y obra de Augusto César Sandino. La frase "general de hombres libres" pertenece a Henri Barbusse, quien denominó así a Sandino. Gregorio Selser la utilizó para su libro, el cual glosa Ernesto Cardenal. La obra se representó en los momentos en que el pueblo de Nicaragua hace frente a la dictadura somocista, en un amplio frente de lucha.

Qué temas y escenarios utilizan los dramaturgos para este teatro documental. El 17 de abril de 1961 se produce la abortada expedición a Playa Girón. El cubano Raúl Macías obtiene el premio Casa de las Américas 1971, con *Girón-Historia verdadera de la Brigada 2506* (publicada en 1976) afirmando en "Nota para la escenificación" que su trabajo "está enmarcado rigurosamente por los contornos reales de cada situación, momento y tema extraídos de fuentes documentales cuidadosamente estudiadas" (p. 12).

En Colombia, el dramaturgo Fernando González Cajiao

publica en 1970, *Huellas de un rebelde* (Ediciones Tercer Mundo). El título se refiere al sacerdote-guerrillero Camilo Torres Restrepo, muerto en acción el 15 de febrero de 1966. González Cajiao utiliza la estructura del misterio medieval para plantear la realidad latinoamericana, en un contexto social, económico, político e ideológico. Las innumerables citas recuerdan la lectura de *El vicario* de Hochhuth.

Con textos de Luis A. García, el Teatro Popular de Bogotá, bajo la dirección de Jorge Alí Triana, teatraliza la historia del Canal en *I Took Panamá*,[6] creación colectiva representada en 1974, basada en su casi totalidad en los hechos históricos que condujeron a la independencia de la República de Panamá en 1903, y a su dependencia, mediante la firma del Tratado del Canal en 1904.

En Argentina, el grupo Alianza recrea la huelga portuaria de 1907, mediante la indagación histórica en los periódicos de la época y el informe al Parlamento del dirigente Alfredo Palacios, para presentar *Puerto White, 1907. Historia de una pueblada.* Según declaraciones del grupo, sólo pretendieron "recuperar una historia que siempre nos fue negada, dirigiéndonos finalmente a nuestro interlocutor principal: la clase obrera". También argentino es Jorge Goldenberg, autor de *Relevo 1923*, premio Casa de las Américas 1975. En *Textos*, publicación de la Federación de Festivales de Teatro de América (Bogotá, octubre 1976, páginas 16-19) Goldenberg explica:

El pretexto temático de la obra es un hecho histórico: concretamente entre los años 20 y 22 hubo en Argen-

---

[6] La colección La Honda, Casa de las Américas, ha publicado en marzo 1978, *Teatro latinoamericano: Dos obras de creación colectiva* en la que incluye *El fin del camino* y *I Took Panamá.*

tina, en el sur, en zona de las grandes estancias, un movimiento de huelga de peones rurales casi inédito en Argentina; un movimiento muy fuerte que fue salvajemente reprimido por el ejército... El que dirigió esa represión fue un coronel, el teniente coronel Varela, que se supone actuaba por órdenes del Gobierno... Cuando terminó la campaña, volvió Varela a Buenos Aires y al año siguiente un anarquista alemán lo mató.

Goldenberg agrega más adelante, al definir al personaje:

Varela, el que condujo la represión en el Sur, desde el punto de vista moral era un hombre íntegro; no era ni un hipócrita ni un tipo corrupto. Además era radical, ni siquiera pertenecía a la clase oligárquica. Pero lo que definió su conducta, lo que en última instancia lo llevó a la muerte, fue su conducta en función de los intereses de clase.

En Perú, grupos como el "Yuyachkani" (estoy recordando), fundado en 1971, recorre el país presentando *Puño de Cobre* basada en la trágica huelga de Cerro de Pasco. El "Cuatrotablas" define categóricamente sus lineamientos ideológicos, "el teatro (debe) convertirse en la percusión directa de un sistema, de un cuerpo doctrinario que, desde las tablas, proponga operatoriamente la acción social". Su obra *Oye* representa al Perú en 1972 en el Primer Festival Latinoamericano de Teatro de Quito. *Oye* desentraña la realidad peruana, evocando críticamente la historia del coloniaje latinoamericano.

En Ecuador, el grupo de teatro Ollantay, tras un proceso de estudio e investigación de más de siete meses y bajo la coordinación de Ulises Estrella, crea su obra documental S+S = 41 sobre la dominación petrolera y la guerra 1941 (publicada en *Conjunto* 22, octubre-diciembre 1974). Las "eses" corresponden a la empresa petrolera Standard (imperialismo norteamericano) caracterizada por Supermán y a la Shell (imperialismo inglés), por Sherlock Holmes.

En Venezuela, el grupo Rajatabla, dirigido por Carlos Giménez, estrena en enero de 1976, *La Juambimbada* con textos teatrales y literarios de Andrés Eloy Blanco, César Rengijo, Ramón Díaz Sánchez y Miguel Otero Silva. La obra investiga la vida del hombre venezolano en tres momentos cruciales de la historia del país: la dictadura de Juan Vicente Gómez, la democracia y la etapa del petróleo.

Cuando estalla en Chile el escándalo de "Los documentos secretos de la ITT", Jorge Díaz y Francisco Uriz escriben para la televisión sueca, una obra documento, *Mear contra el viento* (Premio en el Festival de T. V. de Sofía, Bulgaria en 1974; publicada en *Conjunto* 21, julio-septiembre 1974). Jorge Díaz y Paco Uriz investigan el rol de las compañías multinacionales en 1972. Díaz recuerda,

> Entre sorbo y sorbo de té, empiezo a vislumbrar el tinglado económico-político y los hilos que mueven las grandes figuras políticas de Latinoamérica, hilos manejados con arte sutil de marionetas desde las antisépticas oficinas de las grandes empresas norteamericanas, aunque las empresas europeas tampoco son mancas. (*Conjunto* cit., p. 52.)

La incluyo en este sumario teatral, pues la diferencia artística y literaria entre una obra escrita para la televisión o para ser representada ante un público no resiste, a mi entender, una disquisición teórica profunda. El periodo político e histórico de la Unidad Popular en Chile (1971-1973) está reflejado en dos obras que presentan el punto de vista del proletariado campesino y minero, con respecto a la transformación social que lleva a efecto el gobierno de Salvador Allende: *Lisístrata González* (estrenada en 1972) de Sergio Arrau y *Una casa en Lota Alto* (Premio Casa de las Américas, 1973) de Víctor Torres.

Tal vez sea necesario insistir que el teatro documental no es la expresión directa de la vivencia histórica, sino una manifestación crítica de la realidad, a partir de un hecho auténtico. Latente en estas obras está el cuestionamiento de la significación histórica, que ha revestido caracteres teatrales propios y como tal crea un mundo válido en sí mismo, independiente, autosuficiente.

Esta línea sucesiva de autores y obras, tiene como solo propósito el sintetizar y verificar la existencia de un teatro documental en América Latina. Como toda síntesis, necesariamente se excluyen obras y autores que abarcarían un espacio más allá de un simple estudio.[7]

Quisiera en cambio, poner el acento en otras obras documentales que reflejan, estética y literariamente, la visión latinoamericana de su historia e intrahistoria. El "ayer" ha

---

[7] Algunas de las obras omitidas: la ya citada, *El fin del camino*, es un trabajo colectivo del grupo Libre Teatro Libre argentino que al teatralizar el cierre de los ingenios azucareros en Tucumán (1966) resume "en sí la historia de explotación, de desangramiento, de reconstrucción y de lucha de este pueblo". El grupo La Candelaria, que dirige Santiago García, ha obtenido el Premio Casa de las Américas con *Guadalupe años sin cuenta* (1976), historia de las guerrillas liberales en Colombia, durante los "años cincuenta". En 1978, el mismo grupo reincide en el premio con *Los diez días que estremecieron al mundo*, obra homónima de John Reed, sobre los diez días finales de la Revolución de Octubre.

Mención aparte merece *Prohibido Gardel* de Pedro Orgambide, escritor argentino residente en México. Este "sainete musical con variaciones sobre tangos prohibidos por la dictadura uruguaya" fue escrito, como lo asegura el autor, "como una respuesta a la retórica de las dictaduras del Cono Sur, como una modesta contribución a la resistencia popular". El Galpón fue el encargado de recrear, en México, esta obra rioplatense descendiente directa del sainete y del grotesco, al celebrar la benemérita institución sus 29 años de existencia en septiembre de 1978.

24

sido recreado para entregarnos un "ahora" que permita re-valuar el pasado y comprender mejor el mundo presente. Todas ellas son el resultado de una cuidadosa investigación histórica que persigue desenmascarar la verdad profunda de los hechos para establecer una síntesis abierta y en directa relación con el auditorio.

Enrique Buenaventura (1925) y el TEC dramatizan en *La denuncia* (*Conjunto* 19, 1974) mediante la estructura de un juicio, la masacre de los obreros del banano en Santa Marta, Colombia, en 1928. El asunto, olvidado o deformado por la "mass media" y la prensa oficialista, está sintetizado nove-lísticamente por García Márquez en *Cien años de soledad*, cuando el narrador comenta,

> La versión oficial, mil veces repetida y machacada en todo el país por cuanto medio de divulgación encontró el gobierno a su alcance, terminó por imponerse; no hubo muertos, los trabajadores satisfechos habían vuelto con sus familias, y la Compañía Bananera suspendía acti-vidades mientras pasaba la lluvia.

En *Conjunto* citado, Manuel Galich acota,

> Sustituyendo lo no esencial, lo puramente adjetivo que son las fechas y los nombres de lugares y personajes, *La denuncia* tiene una validez para todo el imperio del banano, en el Caribe. Los hechos son los mismos, los per-sonajes (gobiernos lacayos, militares fascistas, cipayos nativos, formas de explotación, procónsules del Imperio, etcétera) son también los mismos, el gran poder que los mueve como Deus exmachina es el mismo y la sangre de hombres y mujeres que corre es también la misma.

Cabría agregar que *La denuncia* no es sólo la tragedia del banano, sino del salitre, del estaño, del café, de las zonas ganaderas de la Patagonia, es decir, de todo aquello que nuestros países poseen, conocido como materia prima, y que es fácil presa de los grandes monopolios nacionales y foráneos. Si alguna duda cabe, allí están las masacres de la Escuela Santa María de Iquique, de las minas de estaño en Bolivia, de la Patagonia, etcétera, para corroborar lo planteado en *La denuncia*.

Sergio Arrau (1928) investiga la vida del guerrillero Manuel Rodríguez (1775-1818) para confrontarla con la de los chilenos que viven la situación política y social por la cual atraviesa el país bajo la dictadura militar. A través de la técnica del "teatro en el teatro" presenta un microcosmos social que refleja el macrocosmos chileno. La obra corresponde básicamente a uno de los planteamientos del teatro documental: la crítica de la falsificación de una realidad histórica, y su íntima relación con el presente. La obra en cuestión: *Manuel viene galopando por las alamedas*.

Jorge Enrique Adoum (1926) publica y estrena en francés *El sol bajo las patas de los caballos* (1970). *Conjunto* la publica en su número 14 (1972). La Revista *Mester* de UCLA entrega en su número 6/1, 1976, una versión más acabada de la misma. Con la utilización de textos y crónicas de la Conquista, "periódicos latinoamericanos de todos los días", relaciones de Vietnam aparecidas en *Time* y *Life*, presenta la violencia y deshumanización engendrada por cualquier tipo de conquista, sea ésta la española o la imperialista en Indochina. El poeta, dramaturgo y novelista ecuatoriano dramatiza mediante el choque de dos civilizaciones, personificada en el encuentro de Francisco Pizarro y Huayna-Cápac, la tragedia épica de Atahualpa y el aplastamiento del imperio del sol por la soldadesca española, amparados por el poder ultramarino y la religión. Aquí converge el tiempo y el espacio teatral utilizados magistralmente por

Adoum, al incorporar la guerra del Vietnam que repite esta violencia estructural. Rumiñahui, vocero del pueblo, tiene puntos de contacto con quienes en la historia de Latinoamérica buscan ardorosamente el cambio para las grandes masas.

Manuel José Arce, guatemalteco (1935) logra una síntesis teatral de cinco siglos de historia centroamericana en *Sandino debe nacer* (revista *Alejo* 13, 1975). "La *HISTORIA-SANDINO* y nuestro pueblo latinoamericano (son) el fundamental protagonista de la historia" dice Arce. Sandino, en esta primera parte de la trilogía que el autor promete (*Sandino debe morir* y *Sandino debe vivir*), permanece en el trasfondo de los acontecimientos, pero su presencia ínsita en las líneas finales de la obra, tiene no sólo un toque efectista, sino que es lógico corolario a la historia de abusos y sometimiento en Centroamérica. El autor insiste en el aspecto didáctico de *Sandino* pues "nuestros pueblos desconocen su historia y el origen de su realidad actual". Recalca el distanciamiento (Verfremdungseffkt, diría Brecht) que los actores deben establecer con sus personajes para no caer en la ficción, pues "estamos contando verdades".

Raúl Alberto Leis Romero (1947) remonta la historia de su pueblo, Panamá, a 1852, historia que advierte "nos tiene que golpear constantemente. . . para entender nuestro presente y futuro". Como en las obras anteriores, no hay "pared, muro de cristal o vallas" entre los actores y público en *Viene el sol con sombrero de combate puesto* (*Conjunto* 30, 1976). El estudio y desenmascaramiento de la historia panameña, con su cuota de rebeldía y heroicidad proporciona al espectador una comprensión más a fondo de su pasado y futuro. En predeterminadas escenas, los actores invitan a la audiencia a discutir y comentar los acontecimientos narrados. Este teatro documental señala lúcidamente la postura no sólo del autor, sino la de un pueblo consciente ante la firma del actual tratado, de su destino como nación soberana.

La estructura bipolar de caracteres y situaciones en estas obras duplica una de las características del teatro documental, pero a la vez, una realidad concreta y palpable de nuestra América: oprimidos y opresores; esclavos y amos; colonialismo e imperialismo; dependencia e independencia. Es el teatro inserto en la historia, en el estudio y la investigación. Un nuevo teatro hecho con imaginación y calidad estética.

Pedro Bravo-Elizondo

ENRIQUE BUENAVENTURA Y EL TEC

Enrique Buenaventura, dramaturgo, director y ensayista es conocido por su labor teatral en el renombrado Teatro Experimental de Cali, Colombia, el cual funda con el director argentino Pedro Martínez en 1955.

Entre sus principales dramas pueden mencionarse la adaptación escénica de *Aladino y su lámpara maravillosa, El convertible rojo, En la diestra de dios padre, Un réquiem por el padre Las Casas, La tragedia del rey Christopher, La trampa, Los papeles del infierno, El menú, Seis horas en la vida de Frank Kulak*, y algunos tratados sobre creación colectiva.

Como hablar de Buenaventura es hablar del TEC, resulta interesante destacar lo que uno de sus integrantes manifestara sobre el TEC y la creación colectiva en *Conjunto* 14, 1972,

> Los primeros pasos se dieron con *Ubú rey*, con la creación de un equipo que colaboraba con el director de la obra. Luego, en *Los papeles del infierno*, los actores comenzamos a improvisar y a dar nuestra visión de la obra; el material era utilizado por el director. También se trabajó la improvisación en *La indagación*, de Peter Weiss... Durante el montaje de *El fantoche lusitano*, de Weiss, alcanzamos buenos niveles de trabajo colectivo y aprendimos a manejar la improvisación. Después de *Seis horas en la vida de Frank Kulak*, de Buenaventura, y de la primera versión de *Soldados*, empezamos a teorizar acerca de nuestro método de trabajo, sobre todo en lo

concerniente al análisis del texto. *La madre* de Brecht, y *Convertible rojo*, de Buenaventura, fueron profundamente estudiados. Luego de la tercera versión de *Soldados*, estamos tratando de hacer *La denuncia*. (Declaraciones de la integrante Gladis Garcés.)

El tema de las bananeras ha sido tratado en *Soldados* de Carlos José Reyes, basada en capítulos de la novela de Alvaro Cepeda Samudio, *La casa grande* (1967); *Bananeras*, creación colectiva del Teatro Acción de Bogotá en 1969; *La huelga grande* del Teatro Escalinatas de Bogotá en 1972 y *La denuncia* en 1974, bajo la dirección de Helios Fernández. Desde el estreno de *Soldados* en 1966, se han hecho, según su autor, "varias versiones complementarias".

LA DENUNCIA

TEATRO EXPERIMENTAL DE CALI
Dramaturgo: Enrique Buenaventura

PERSONAJES

Actor	Congreso	Progreso	Huelga
1	Representante 1	Comerciante	José Montenegro
2	Gral. Cortés Vargas	General Reyes	Gral. Cortés Vargas
3	Alberto Castrillón		
4	Representante 2	César Riascos y Arzobispo	César Riascos
5	Representante 3	Pequeño Propietario	Jefe de la oficina general del trabajo de la zona
6	Representante 4	Mr. Herbert	Mr. Brandshaw
7	Presidente del Congreso	Gobernador	Gobernador
8	Ordenanza de Cortés Vargas (oficial del ejército)	Policía y Agiotista	Oficial del ejército

9	Uno de las barras	Contratista de la United Fruit Company	Huelguista
10	Gerónimo Fuentes	Peón	Huelguista
11 .	Uno de las barras	Padre Angarita	Huelguista Soldado

Actriz

1	Secretaria	Secretaria	Secretaria
2	Una de las barras	Primera Dama y Viuda de Dávila	Viuda de Dávila
3	Una de las barras	Obrera y Mujer Joven	Huelguista
4	Una de las barras	Obrera y Mujer Vieja	Huelguista
5	Narrador 1	Narrador 1	Huelguista
6	Narrador 2	Narrador 2	Huelguista

En escena hay una pista central redonda y vacía. Alrededor de la pista están las "curules" de los representantes. Una de esas "curules" se destaca de modo especial. Es la del presidente. Allí hay un enorme "archivo" lleno de documentos envejecidos que ahogan, prácticamente, a la señorita secretaria. Detrás de las "curules" de los representantes (*dejando libre únicamente la del presidente*) están los sitios de las "barras" formadas por otros actores. Detrás de éstos está el público el cual es, al mismo tiempo, una prolongación de "las barras". Cuando los personajes salen de la pista, van a sentarse en los curules o en "las barras" y cuando entran a escena, se levantan de esos sitios y pasan a la pista o a la "curul del presidente", la cual es más amplia y elevada que las otras. Los únicos actores que no tienen sitio fijo son los narradores, los cuales pueden estar indistintamente en unos sitios o en otros, según las circunstancias.

I
PROGRESO

1

Al comenzar la obra entran el presidente de la cámara y la secretaria. El presidente sube a su curul y sopla el polvo que cubre los papeles. Sopesa el martillo que le servira para establecer el orden. La secretaria sopla también sobre el polvo que cubre el archivo y se mete dentro de éste de modo que sólo su cabeza es visible entre tantos papeles. Los representantes 2 y 4, Cortés Vargas y el ordenanza entran en grupo compacto hablando en voz baja. El presidente viene a darles la mano. El representante 2 y el 4 van a sus curules. Cortés Vargas va a un banquillo que queda bajo la curul de la presidencia, le sigue el ordenanza. Cuando Cortés Vargas se sienta, el ordenanza saluda militarmente. Luego entran los representantes 1 y 3 y Castrillón, también en grupo y hablando en voz baja. El presidente viene a darles la mano. Castrillón se sienta en el otro banquillo que está bajo la curul de la presidencia y los representantes 1 y 3 van a sus curules respectivas. Luego van entrando los actores que hacen de barras, el ordenanza los "cachea" a la entrada. Detiene a uno de las barras y le saca algo del bolsillo

Ordenanza:
  ¡Es un arma!

Cortés Vargas:

Tráigala. (*El ordenanza le lleva el "arma". Cortés Vargas examina un cuchillo, lo guarda.*) Déjelo pasar.

(*El de las barras pasa y ocupa su lugar. El presidente va donde Cortés Vargas, hablan en voz baja. Luego va donde la secretaria, que sigue "ordenando" papeles. En este momento, los narradores que estaban entre el público saltan a la pista.*)

2

Narrador 1:

Vamos a hablar de hechos históricos.

Narrador 2:

Y actuales.

Narrador 1:

Allí están los honorables que al pueblo representan por ahora. . .

Narrador 2:

También son jueces.

Narrador 1:

¡Y también son acusados!

Narradores 1 y 2:

¡Y todo el tribunal es un tinglado. . .! (*Regresan a los lugares que ocupan entre el público.*)

3

Presidente:

Ya están llegando todos. . . ¿Está lista señorita secretaria?

Secretaria:

Más o menos, señor presidente. (*Trata de ordenar la*

36

montaña de documentos. El presidente la auxilia. El representante 4 se acerca a la "curul" del representante 2.)

Representante 2:

Esta mal llamada denuncia está produciendo un problema de orden público...

Representante 4:

Se está tratando de mezclar dos cosas que no sólo son diferentes, sino opuestas: un problema moral y un problema económico.

Representante 2:

Ellos *(señala a los representantes 1 y 3)* mezclan todo para conseguir ventajas políticas... Usted está haciendo el papel de idiota útil... No es que sea idiota, mi estimado colega. Una cosa es ser y otra es hacer el papel... ellos quieren usarlo... El más "aindiado" es Gaitán... *(Por el representante 1.)* Es muy hábil... El otro *(por el representante 3)* es hijo de un turco que llegó aquí con una mano adelante y otra atrás, vendiendo paños ingleses... ¡Milagros de la democracia!

Representante 4:

¡Son los tiempos que corren, mi estimado amigo...! *(El representante 2 se recuesta en su curul, como si se acostara a dormir. Mientras el representante 4 se desliza hacia las curules del representante 1 y del representante 3. Saluda rápido.)* Doctores. *(Como si tuviera mucha prisa.)* Mi intención es que no se mezclen la denuncia moral, con la cual estoy de acuerdo... ¡Quién puede no estarlo! Y la cuestión económica, la cual es ante todo técnica...

Representante 1:

Mi problema es de derecho *(el representante 4 asiente)*, porque como dice Ardigó, el derecho es la fuerza específica...

Representante 4:

¡Claro, doctor! ¡Es la fuerza específica...! Pero el derecho es el derecho y la economía es la economía...

Representante 1 y 3:

¡Claro, doctor, eso lo entiende cualquiera!

4

Narradores 1 y 2:

(*Desde los lugares que ocupan entre el público.*) Nosotros no lo entendemos...

Narrador 2:

¡A lo mejor es cuestión de sesos!

Pero la vida nos ha enseñado...

Narrador 1:

Que el que maneja la economía maneja el derecho...

Narrador 2:

Y que el derecho no se come...

Narrador 1:

Por ejemplo: no es posible alimentar al pueblo con esa montaña de papeles... (*Señala el archivo de la secretaria.*)

Narrador 2:

Sin embargo, no ha comido otra cosa desde que existe...

Narrador 1:

¡Eso no lo entiende cualquiera, pero es cierto! (*Se sientan.*)

5

Presidente:

(*Golpeando el pupitre.*) ¡Se abre la sesión!

Representante 4:

(*Dirigiéndose al representante 1.*) Si mi honorable colega lo permite, antes de comenzar el debate propiamente dicho sobre los lamentables sucesos de la zona bananera, yo quisiera hacer una breve aclaración de conceptos... (*El representante 1 con generoso gesto le concede la intervención.*) Los errores cometidos (*se dirige al representante 2*) suponiendo que los haya (*se dirige al representante 1*) y aquí se demuestren (*el representante 1 asiente*) son de carácter jurídico (*el representante 1 asiente de nuevo*) y moral. (*Los representantes 1 y 3 asienten.*)

Representante 2:

(*Como si se despertara.*) ¡Protesto, señor presidente, se está prejuzgando!

Presidente:

Negada la protesta, continúe, honorable representante... (*Señala al representante 4.*)

Representante 4:

(*Con gesto condescendiente y amplia sonrisa.*) Dije: su-po-nien-do... (*El representante 2 se "acuesta" bruscamente, rechazando la diplomacia del representante 4.*) Lo importante es se-pa-rar, poner a-par-te el problema e-co-nó-mi-co...

Representante 2:

("*Despertando*" *de nuevo.*) ¡Eso es un mico! (*Se vuelve a "dormir".*)

Representante 4:

(*El representante 4 espera que pase el efecto del chiste. Se ve que le cuesta esa demostración de paciencia.*) La inversión de capital extranjero es una cosa, los lamentables atropellos al derecho, su-po-nien-do que los hubo, son otra. Vivimos en la era industrial. La industria invade

39

el campo idílico y patriarcal... ¡Sólo enormes capitales, grandes inversiones pueden volver productivos los centenares de hectáreas de tierra baldía, que o-cu-pan, por decirlo así, como un ejército, como un ejército de zánganos, como un ejército que come y no produce, la mayor parte de este bello país...! ¡Y quién tiene ese enorme capital, honorables representantes...! ¿Quién puede crear sobre los pantanos una infinita mancha verde que produzca (*saca de la maleta un banano*) esta dorada maravilla? ¿Quién, señor presidente? ¿Quién honorables representantes? ¿Quién... señoras y señores?

Coro de actores:

¡La United Fruit Company!

6

(*Técnicos y peones empiezan a trazar, en la pista un ferrocarril. En medio del movimiento y los cambios, los narradores entran a escena y comienzan una especie de encuesta para explicar a los espectadores la significación de los cambios.*)

Narrador 2:

¿A quién representa usted?

Actor 6:

Represento a míster Herbert, uno de los primeros gerentes de la United Fruit Company... Observe el bigote, observe el monóculo... Era una especie de general... Observe la pinta... era una especie de explorador... Observe la maleta... Era, ante todo, un vendedor...

Narrador 1:

(*Al actor 2.*) ¿Y usted?

40

Actor 2:

Al general Rafael Reyes, presidente de Colombia de 1904 a 1909... Mezcla de general y empresario... Trataba todo esto... (*con un gesto abarca el recinto del congreso*) como su empresa particular...

(*El actor 3 se une al grupo de peones.*)

Grupo de peones:

Representamos a los siervos de los latifundios, a los descendientes de los esclavos.

Actor 10:

A los terrazqueros...

Actor 11:

A los aparceros...

Actriz 3:

A los colonos...

Actor 9:

A los que fueron expulsados de sus pequeñas fincas devoradas por el latifundio...

A los que ya no tienen más que los pies para caminar y las manos para trabajar.

Grupos de peones:

Ibamos a convertirnos en obreros...

Narrador 2:

(*Al actor 4.*) ¿A quién representa usted ahora?

Actor 4:

Represento a César Riascos, propietario de fincas de banano de la zona.

Narrador 1:

(*A la actriz 2.*) ¿Y usted?

Actriz 2:

Represento a la viuda de Nicolás Dávila, cultivador de banano. Mi familia exporta banano desde antes de la llegada de los primeros extranjeros... Porque estos (*señala*

41

al actor 6 y a los técnicos) no son los primeros... usted
sabe... Vinieron antes los ingleses, pero estos están sacando a los ingleses de todas partes, tienen más. (*Cuenta
con los dedos un dinero imaginario.*) Y más técnica...

Narrador 2:

(*Al actor 5.*) ¿Y usted?

Actor 5:

Represento a un pequeño propietario, su finca quedó
incrustada en las tierras que el general Reyes concedió a
la United Fruit Company...

Narrador 1:

(*Al actor 1.*) ¿Y usted representa a quién?

Actor 1:

Centenares de comerciantes vinieron desde las tierras del
interior... y represento ahora uno de ellos...

Narrador 2:

(*Al actor 7.*) ¿Y usted?

Actor 7:

Al gobernador José María Núñez Roca, autoridad civil
de la región...

7

Castrillón:

(*Presentándose a la cabeza del grupo de peones, ante míster Herbert.*) Queremos trabajar para ustedes...

Míster Herbert:

Muy sencillo. Se presenta al contratista y el contratista
lo engancha...

Obrera:

(*Mira a los peones, estos se encogen de hombros.*) No

nos entiende, *míster*. Queremos decir que vamos a trabajar para ustedes. . .

Míster Herbert:

La compañía propiamente dicha no se entiende directamente con los trabajadores. . . es un problema técnico. . . la compañía se entiende con los contratistas y los contratistas se entienden con los trabajadores. . . ¿Usted me entiende?

(*Los peones no entienden, entonces Riascos se acerca a ellos y míster Herbert se retira.*)

Riascos:

Así es más fácil y más sencillo para ustedes. . . no hay tantos papeles. . . el contratista. . . se entiende con ustedes.

(*Uno de los peones, mejor vestido y con zapatos, se adelanta como contratista.*)

Gobernador:

Hay gente venida de lugares muy distintos, con costumbres muy diferentes. . . unos saben leer, otros no. Van a trabajar para varios patrones: unos con él (*señala a míster Herbert*) otros con él (*señala a Riascos*) otros con ella (*señala a la viuda de Dávila*). Para que todo resulte más legal, le firman un papelito al contratista y listo. . .

Secretaria:

Aquí están los papelitos.

Contratista:

(*Recibe los papeles y llama a uno de los peones.*) Firme aquí.

Peón 1:

No sé leer ni escribir.

Contratista:

Ponga una cruz, da lo mismo. O la huella de los dedos es igual.

43

Castrillón:

(Se acerca y arrebata el papel. (Lee.) "Declaro que, durante este periodo de instalación y organización no se me debe considerar como obrero de la United Fruit Company y por lo tanto, renuncio a las prestaciones exigidas por la ley". . . . ¿Estás de acuerdo? *(El peón asiente en silencio)* ¡Yo no! ¡no firmen compañeros! ¡Que nadie firme! *(El contratista agarra la mano del que no sabe leer y con ella dibuja una cruz en el papel.)*

Peón 1:

¡Yo he venido desde muy lejos! *(Se toca la barriga.)* Y aquí no hay nada desde hace dos días. Necesito empezar a trabajar.

Peón 2:

¡Yo también!

Contratista:

¡Eso no es más que un papel! ¡Firmen y les damos vales para que empiecen a sacar víveres de los comisariatos de la compañía: ropa, jamón, huevos, licor, lo que quieran!

Peón 1:

Yo firmo ahora y después. . . ¡Ya veremos!

Castrillón:

Esas prestaciones sociales no nos las han regalado. ¡Las hemos ganado en las luchas de campesinos, en las huelgas de braceros!

Contratista:

Eso es mientras se organiza la cosa, compañeros. Es un requisito legal. Después se limpian el culo con esos papelitos.

Obrera:

¡Hay que empezar! ¡Lo importante es empezar!

Contratista:

¿Quién de ustedes había ganado antes $1,20 por limpiar

rastrojo? ¿Quién de ustedes podía decir antes: hoy sí
trabajo, mañana no? Me voy con este contratista o con
el otro, no sirvo a este patrón sirvo al de más allá...
¡Soy libre! ¿Quién de ustedes pudo decir en su puerca
vida algo parecido? ¿Eh? ¿Hum?

Obrera:

(*Al gobernador.*) Dígame usted que es la autoridad, doctor: ¿esto es legal o no es legal? (*Le enseña el papel.*)

Gobernador:

¡Completamente legal! Para mayor seguridad, vamos a
refrendarlo. Señorita secretaria, refrende los contratos
individuales.

Contratista:

¡Cada uno tiene su contrato! ¿Cuándo se había visto
eso? ¡Cada uno responde por cada uno!

Castrillón:

¡Uno no es nada, compañeros! ¡Así los joden de uno
en uno!

Gobernador:

(*Al actor 8.*) ¡Detenga a ese tipo! (*Castrillón trata de
esconderse entre los obreros que están haciendo "re-
frendar" los papeles. Pero los obreros se separan, lo
dejan al descubierto. No quieren ser confundidos con él.
El actor 8 lo agarra y lo lleva ante el gobernador.*)

Policía:

¡Este es el escandaloso! ¡Es el único descontento!

Gobernador:

Señorita secretaria, busque el prontuario de este agitador.

Secretaria:

Nombre...

Castrillón:

Alberto Castrillón.

Secretaria:

Detención en Barranquilla por participar en la huelga de braceros. . .

Gobernador:

Humjum. . .

Secretaria:

Participación en el 1er. Congreso Obrero en Guacamayal, con agitadores bien conocidos como Mahecha y Torres Giraldo.

Gobernador:

¡Hum. . .! ¡Eso es lo más grave! ¡Allí está la clave de todo!

Castrillón:

¡El congreso fue legal! ¡El señor alcalde nos dio permiso!

Gobernador:

¡Hum. . .! Fíjese señorita secretaria si ese alcalde sigue todavía en su puesto. . .

8

Míster Herbert:

¡He aquí el ferrocarril que unirá, en un futuro no lejano, el interior y la costa!

Viuda de Dávila:

El primer tren que hicieron los ingleses fue una estafa. . .

Riascos:

Esa es letra muerta, querida señora. ¡Esta es la nueva técnica!

Viuda de Dávila:

No todos los extranjeros son honrados.

Míster Herbert:

¡Nosotros hemos tendido rieles sobre los pantanos de

46

Honduras, Costa Rica, Guatemala y Panamá! ¡Hemos metido nuestro brazo de hierro hasta lo más profundo de la selva! ¡Hemos convertido la pestilente manigüa en suave y rumorosa bananera!

Viuda de Dávila:

¡Es hermoso! I want to give you a kiss... *(En un arrebato de entusiasmo besa a míster Herbert.)*

Míster Herbert:

(*Con renovado entusiasmo.*) ¡En 1866 se vendieron como pan 100 racimos en el puerto de Nueva York! ¡Habían sido embarcados como complemento de carga y nadie les hacía caso! ¡De pronto se dieron cuenta de que estas alargadas frutas amarillas (*saca un banano de la maleta*) eran puro oro... ¡Y se abrieron los ojos de los empresarios y las bolsas de los banqueros! ¡Hoy el banano constituye un alimento indispensable, corriente y cotidiano, en los hogares norteamericanos!

Riascos:

¡Yes Sir!

Viuda de Dávila:

¡Oh, it is wonderfull!

Riascos:

Además han traído el telégrafo y el teléfono...

Viuda de Dávila:

Esta mañana hablé con mi prima que vive en Santa Marta, la oía como lo oigo a usted ahora.

Míster Herbert:

Esta banana, sin embargo, es una simple banana criolla, hija natural de la que vino de las remotas selvas del Asia legendaria... hija raquítica, pálida sobreviviente en medio de las enfermedades tropicales... (*Guarda el banano que acaba de enseñar y saca otro.*) ¡Miren ustedes, esa maravilla! Su nombre es: la *Grosse Michelle*... para producirla se necesita mucho dinero...

Riascos:

(*Tomando en sus manos la Grosse Michelle.*) Es una verdadera reina.

Viuda de Dávila:

¡Tiene lindo nombre! (*Se le cae, todos se precipitan a recogerla. Míster Herbert la recibe y la limpia.*)

Míster Herbert:

Delicada como una princesa es esta *Grosse Michelle*. Y caprichosa como ella. . . Pronto se madura y mas pronto se marchita. . .

Viuda de Dávila:

Con la ayuda de ustedes y para bien de nuestra patria, produciremos esa fruta.

Míster Herbert:

Para producirla, señores, la cooperación internacional es necesaria. Aquí está la entraña fecunda en la cual nosotros, con la técnica, depositamos la semilla. . . Por ello, hemos interpuesto nuestros buenos oficios ante nuestro gobierno y ante los grandes financieros de nuestro país. Serán concedidos empréstitos y ustedes gozarán de créditos que les permitirán pagar el precio de estas benéficas innovaciones. . . ¡Produzcan, señores! ¡Produzcan esta maravilla! Nosotros les compraremos toda la fruta que produzcan. (*Con amplia sonrisa.*) Sólo nos reservamos el derecho a escogerla.

Pequeño propietario:

¿Y los pequeños propietarios qué podemos hacer?

Todos:

(*En coro.*) ¡Shissst!

Pequeño propietario:

¡Tengo derecho a preguntar!

Gobernador:

Tiene derecho a preguntar.

Míster Herbert:
Ustedes deben vender. . .
Riascos:
Estamos dispuestos a comprar.
Pequeño propietario:
¿Y si no vendemos?
Míster Herbert:
Nosotros respetamos la propiedad. . . Y las leyes de la República.
Gobernador:
¡Por supuesto! Nosotros garantizamos su propiedad. Nadie la tocará. (*A la secretaria.*) Busque la escritura del señor en p.p. q.e.p.v.
Pequeño propietario:
¿Qué quiere decir eso?
Gobernador:
Pequeños propietarios que están por vender.
Pequeño propietario:
¡Yo no quiero vender!
Gobernador:
Póngale entonces, en p.p.q.e.p.d.
Pequeño propietario:
¿Cómo?
Gobernador:
Que están por discutir. . . (*Señala el actor 6.*) Es la nueva técnica de clasificación que nos permitirá poner en orden todos los archivos de la nación. . . si usted no quiere vender no vende. . .
Pequeño propietario:
(*A toda la concurrencia.*) No vendo, pero no puedo cultivar, porque ellos (*señala al actor 6*) controlan las aguas. . .

Gobernador:

Hay que desecar los pantanos. ¡Sólo ellos pueden hacerlo!

Pequeño propietario:

¡Controlan el transporte!

Riascos:

¡Sólo ellos pueden hacer eso. . .! (*Señala el ferrocarril que están trazando los técnicos y haciendo los obreros.*)

Pequeño propietario:

¡Controlan las comunicaciones!

Gobernador:

Gracias a ellos la administración pública tiene telégrafo y teléfono. . . lo que la hace más ágil y más eficaz. . . (*hundida en sus papeles, la secretaria mira, incrédula, por encima de los anteojos al gobernador.*)

Pequeño propietario:

¡Controlan el comercio!

Gobernador:

¡Por supuesto! Han instalado en la zona miles de comisariatos, donde usted puede comprar a crédito, los productos extranjeros.

Comerciante:

Sobre eso tenemos los vendedores, los tenderos y los pequeños comerciantes una queja, doctor. . . Hemos elevado un memorial. . . Los comisariatos constituyen una competencia desleal. . . La compañía paga en vales y los vales se cambian en los comisariatos por artículos. . . Los artículos que nosotros traemos del interior o del extranjero se nos pudren en los graneros o se nos apolillan en los almacenes. . . En una democracia, doctor. . .

Gobernador:

Se dará curso legal al memorial de ustedes. (*El memorial del comerciante es sellado y luego archivado por la se-*

50

cretaria en la montaña de papeles.)
Pequeño propietario:
   ¡Ya lo archivaron en los comerciantes que en q.e.p.d.!

10

Míster Herbert:
   Y ahora me voy a Bogotá, donde todo se volverá legal. . .
Riascos:
   No queremos problemas con ellos. . . (*Señala a Castri-*
   llón.)
Viuda de Dávila:
   Ni con ellos (*señala al pequeño propietario*).
Riascos:
   Ni con ellos (*señala al comerciante*).
Míster Herbert:
   Bajo la protección de la United Fruit Company ustedes
   podrán dedicarse a producir.
Viuda de Dávila:
   Sin entendernos con leyes, documentos, papeles, papel
   sellado, sellos. . .
Riascos:
   Abogados. . .
Viuda de Dávila:
   Tinterillos. . .
Riascos:
   Politiquitos, politiqueros, politicastros, caciques, manza-
   nillos. . .
Míster Herbert:
   Convertiremos este país atrasado y leguleyo en un país
   industrial y moderno. . .

11

Narradores 1 y 2:
  (*Cantan.*) ¡Y *míster* Herbert se embarcó y navegó el Magdalena...!
Actriz y actor 4:
  (*Cantan*) ¡Rumbo al interior!
Narrador 1:
  (*Canta.*) Demasiado delicado / para ir en mula / por los desfiladeros / de la cordillera...
Narrador 2:
  (*Canta.*) Míster Herbert alquiló / un veterano cargador...
  (*Se ofrecen varios cargadores y míster Herbert escoge al más sano y fuerte, que es el Actor 10.*)

Todos en coro
(*Cantan.*) ¡Y hasta la capital llegó!
  (*Durante este viaje de míster Herbert los actores 7 y 2 y la secretaria se convierten en el gobierno de la nación. El actor 4 en el arzobispo primado y la actriz 2 en la primera dama que lo recibe en la capital.*)
Míster Herbert:
  (*Hablándole al cargador.*) Es este un viaje histórico. La historia recogerá este momento, en que se juntan dos mundos, como recogió el instante en que aquel loco, aquel iluso cruzó el océano, en tres diminutas carabelas. (*El peón se detiene. Míster Herbert se inclina con alguna dificultad.*) ¿No es cierto?
Peón:
  Me duele mucho la espalda...
Míster Herbert:
  A mi también... es muy incómodo...

(Al llegar al palacio de gobierno de la capital míster Herbert se apea y es recibido por el gobernador y la secretaria, que hacen de maestros de ceremonia. Lo conducen donde el general Reyes, el arzobispo y la primera dama.)

Narrador 1:

(Canta.) ¡Lo recibió el presidente!

Narrador 2:

(Canta.) ¡Lo recibieron los ministros!

Narrador 1:

(Canta.) ¡Y el general Reyes, / el augusto y soberano dictador / sus argumentos escuchó...!

Míster Herbert:

Hemos escogido las tierras apropiadas y hemos transformado las estériles, a fin de producir esta suave maravilla. *(Entrega a la secretaria la Grosse Michelle. La secretaria la recibe en un cojín y la presenta al arzobispo. Se arrodilla.)*

Arzobispo:

Adjutorium nostrum
in nómine dómini

Todos en coro:

Qui fecit celum et terran

Arzobispo:

Dominus vobiscum

Todos en coro:

Et cum spiritu tuo... *(Bendice la Grosse Michelle. El general Reyes pela la punta de la Grosse Michelle y la ofrece a la primera dama.)*

General Reyes:

Que la pruebe primero la primera dama...

Primera dama:

¡Hum...! ¡Qué rica! *(El general Reyes pela un poco más y "muerde".)*

General Reyes:

¡Ah! ... ¡Exquisita! *(La pasa a la secretaria.)*

53

Secretaria:

¡Hum. . . no sólo es el sabor, también cuenta el perfume! (*La pasa al arzobispo.*)

Arzobispo:

No en vano ha sido llamada la pomma paradisíaca, la fruta del paraíso. . .

Primera dama:

¿Entonces no fue una manzana?

Arzobispo:

No es artículo de fe. . .

Míster Herbert:

Está comprobado que nuestros primeros padres cayeron por una banana.

Secretaria:

Pisaron la cáscara (*risas diplomáticas*).

Gobernador:

Aquí están los empréstitos concedidos. . .

Secretaria:

Ciento cincuenta millones. . .

Gobernador:

El más alto empréstito concedido a país latinoamericano alguno en los últimos veinte años. . .

Míster Herbert:

¡El mundo entero espera esta banana (*muerde el último bocado*) mientras aquí se produce una raza inferior entre las frutas!

General Reyes:

La República hace a ustedes entrega gratuita de diez mil hectáreas de tierras baldías, en los municipios de Ciénaga, Sevilla, Aracataca, Tucurinca, Fundación y Riofrío. . .

(*La secretaria entrega a míster Herbert la escritura y éste le entrega un mapa que ella, a su vez, entrega al general Reyes.*)

Míster Herbert:

Es el plan de distribución de aguas.

General Reyes:

Tienen ustedes el control de las aguas, a fin de que pue-
dan dar cumplimiento a este técnico y eficaz plan de
riego. . .

Míster Herbert:

Como su excelencia sabe, ya se está trazando el ferroca
rril que unirá la costa con el río Magdalena y que po
ahora va de Santa Marta a Fundación. . .

(Miran en el mapa.)

General Reyes:

También controlarán ustedes el ferrocarril y los muelle
de Santa Marta a fin de realizar, en las mejores condicio
nes, este plan de transporte rápido, mediante el cual s
evita el deterioro de la fruta. De la misma manera corres
ponderán a ustedes las plantas eléctricas y las líneas tele
gráficas y telefónicas, obligándose la compañía a ofrece
servicio gratuito de estos adelantos a las autoridade
locales.

Míster Herbert:

¡Desde luego!

Gobernador:

(A la secretaria.) El documento secreto. . . *(La secretari
lo busca en la montaña del archivo.)*

Míster Herbert:

(Abrazando protocolarmente al general Reyes.) Than
you, your exelence. . .

General Reyes:

Dont mention, míster Herbert. . . *(La secretaria ha logra
do encontrar el documento secreto, lo pasa al goberna
dor.)*

Gobernador:

En este documento las autoridades locales dan cuenta

su excelencia de las actividades de elementos anarquistas y comunistas de la región. En Guacamayal se celebró el Primer Congreso Obrero con agentes del comunisno internacional. . .

General Reyes:

Ocúpese de que se duplique allí la fuerza policial, a fin de mantener el orden. En cuanto al comunismo, es un fantasma que no nos asusta. . .

Míster Herbert:

Dejen ustedes los fantasmas por cuenta nuestra. . .

General Reyes:

Vamos a firmar. (*Ceremonia de la firma.*)

(*Los actores 4 y 2 retoman sus papeles de Riascos y Cortés Vargas, respectivamente.*)

12

Narradores 1 y 2:

(*Cantan.*) ¡Y en poco tiempo. . .
como hongos crecieron
las casas de madera
con techo de zinc
y adentro se metieron
centenares de gringos
con sus pálidas mujeres
y las gordas negras del servicio
que hablaban inglés. . .
Hicieron calles
bordeadas de palmeras,
prados azules
con mesitas blancas
y con alambres todo lo rodearon.
Alambre electrificado

que amanecía,
en las frescas mañanas de verano,
lleno de achicharradas
golondrinas.

Actor 3:

Y alrededor de las alambradas,
como maleza,
como sucio rastrojo,
como selva,
crecieron las barracas miserables. . .
¡Cada día más gente,
cada mes otra oleada
de mano de obra!

Agiotista:

¡Compro vales a mitad de precio! ¡Presto dinero a los desocupados! ¡Si no tienen con qué pagar, paguen con trabajo, paguen con la gallina, con el puerco, con la barraca donde viven, con la estera donde duermen, con la herramienta, con la olla, con la camisa, con el sombrero. . . (*Los peones son despojados de todos esos elementos en una dramática pantomima.*)

13

Narrador 2:

Veintitrés años transcurrieron. . .

Narrador 1:

Veintitrés años de ganancias. . .

Narrador 2:

Veintitrés años de miseria. . .

Narrador 1:

Los peones. . .

Narrador 2:

Los pequeños comerciantes. . .

Narrador 1:

Los pescadores. . .

Narrador 2:

Los carniceros. . .

Narrador 1:

Están más pobres cada año. . .

Actriz 3:

Los barcos que se llevan la fruta, regresan repletos de víveres para los comisarios. . .

Contratista:

(*Agitando un papel.*) ¡Este es un contrato de diez días para limpia de terreno! Cuatro trabajadores pueden cumplirlo, trabajando diez horas diarias. . .

Coro de peones:

¡Pero se ofrecen treinta, cuarenta, cincuenta por menos precio y en un solo día pueden hacerlo!

Actriz 3:

Lo que permite a la compañía rebajar los precios de los contratos.

Contratista:

Y me obliga a mí a bajar los salarios, ellos ganan menos (*señala a los obreros*) y yo gano menos. . .

Actor 3:

(*Señalando a los actores 4 y 6.*) Mientras ellos ganan más.

Actores 4 y 6:

Es la ley de la oferta y la demanda. . . Una ley eterna y natural contra la cual no podemos hacer nada. . . (*Salen.*)

14

Narrador 1:

La gente de las barracas estaba descontenta. En las casas

del pueblo, organizados por el Partido Socialista Revolucionario en Sevilla, en Guacamayal, en Ciénaga, en Aracataca, había reuniones diarias.

15

Castrillón:

El mundo ha cambiado, compañeros. En 1905, cuando Reyes entregaba esta zona bananera a los imperialistas, resonaban, solitarios, los cañones del acorazado Potemkin en la Rusia zarista. Aquí, sólo un puñado de luchadores alertábamos a los compañeros sobre las ilusiones creadas por la compañía frutera. La revolución de 1905 fue ahogada en sangre en las calles de Moscú, pero en 1910 se prendía la mecha en México. Zapata y Pancho Villa se tomaron la capital al frente de una tropa de peones indígenas.

Peón:

Pero fueron derrotados, compañeros. Usted nos está hablando de puras derrotas y nosotros queremos triunfos.

Castrillón:

Sin derrotas no hay triunfos, compañeros. Sólo los que aprenden de las derrotas pueden triunfar. Yo he regresado hace pocos días de Moscú, donde asistí al Congreso Obrero Mundial. Y no era el pequeño Congreso de Guacamayal que celebramos cuatro gatos en 1905, ni el pequeño Congreso de Guacamayal que celebramos diez gatos el año pasado. El congreso de donde vengo se celebró en el primer estado obrero del mundo, con delegados del mundo entero. Y ese congreso aprobó esta resolución (*lee*): "Fraternales saludos a los obreros y campesinos de Nicaragua y al heroico ejército de emancipación nacional del general Sandino". En estos momentos, Sandino se bate contra las tropas norteamericanas en Nicaragua. Nuestro movimiento comienza a ser un movimiento mundial. . .

Huelguista:

¡Adelante, entonces!   ¡A la huelga!

Contratista:

Y yo me uno a ellos. Yo, el contratista. Yo, que les hice firmar los papeles. . . ¡Yo, ahora pido contratos colectivos. . .! ¡Nada de agarrarnos uno a uno! ¡Pido seguros contra las enfermedades! El mes pasado me agarró la malaria y se me esfumó todo lo que ahorré cuando la contrata era buena. . . y casi me esfumo yo también. . . ¡Voto por la huelga!

Castrillón:

Es fácil votar por una huelga, lo difícil es organizarla. Yo he estado en tres huelgas y les digo: los que nos explotan tienen siglos de experiencia, en cambio nuestra lucha es nueva. Aquí están haciendo apenas la lucha organizada de la clase obrera. . . En opinión de compañeros como Torres Giraldo, María Cano, Mahecha. . . hay que unir las ligas y los comités en una organización nueva. . .

Contratista:

Hay que hacer un fondo de reserva. . . los compañeros Erasmo Coronel, Pedro del Río y Nicanor Serrano, han tratado por todos los medios de que el gerente discuta con ellos el pliego de peticiones. . . Pero el gerente no aparece. . . no se sabe dónde está. . .

Huelguista:

Dicen que está en Boston. . .

Obrera:

Que está en Santa Marta. . .

Obrera:

¡Que no aparezca! ¡Que se lo trague la tierra, nosotros ya votamos la huelga!

Grupo de peones:

¡Huelga!

Contratista:

¡Ya no aguantamos más! ¡No más servilismo, compañeros! ¡No más paciencia!

Grupo de peones:

¡Huelga!

16

Narrador 1:

¡Los actores vuelven a cambiarse, retoman sus papeles!

Narrador 2:

El congreso reanuda el debate.

Actor 3:

Después de la huelga vino la matanza. . . Erasmo Coronel cayó en la matanza de Ciénaga, Pedro del Río en la de Sevilla, Nicanor Serrano fue asesinado en la cárcel. . . Castrillón escapó de milagro. . . Fue detenido en Santa Marta. . .

Actor 2:

Y llevado a la cárcel de la picota. . . (*Lo encadena y lo sienta en un banco.*)

Actor 1:

Jorge Eliecer Gaitán prepara su denuncia. . .

Actor 5:

Acababa de pasar el periodo de terror militar que siguió a la masacre. . . Es decir, que estamos a principios de 1929.

17

(*En el lugar donde estaban trazando el ferrocarril hay ahora una mujer confesándose con un cura. Otra, más vieja, espera su turno. En el fondo un peón. Los representantes 3 y 1 llegan cerca del confesionario, la mujer más vieja se acerca al cura y le dice algo, señalando a los visitantes, el cura se acerca al representante 3.*)

Representante 3:

¿Es usted el padre Angarita?

Angarita:

Sí, señor.

Representante 3:

Somos congresistas y estamos recogiendo datos para denunciar en el Congreso de la República la masacre de las bananeras... ¿Es cierto que usted se enfentó al general Cortés Vargas?

Angarita:

Sí señor y me enfrentaré, con la ayuda de Dios, a cualquier injusticia. En la cárcel del pueblo había cuarenta obreros presos. En una pieza así de grande. (*Camina unos pasos marcando los límites.*) Así de alta (*la mano a la altura de los hombros*) sin ventilación. Allí hacían sus necesidades. Cuando el rumor de la marcha a Santa Marta se extendió por la zona, la policía recibió orden del general, de matar los cuarenta presos. Yo me fui a la cárcel y me estuve tres días y tres noches en la puerta. Vino el abaleo de Ciénaga, vino el abaleo de Sevilla, vinieron las matanzas en otras ciudades, pero no pudieron matar los cuarenta presos... Me llevaron ante Cortés Vargas. El me dijo: ¡Huelguista! Yo le dije: ¡Asesino!

Representante 3:

¿Y cómo es que no está preso?

Angarita:

Todavía respetan la sotana... Pero hay muchos presos... La señora puede dar testimonio... (*La más joven de las mujeres avanza para hablar, pero la más vieja la retiene.*)

Mujer vieja:

¡No hable comadre!

Mujer joven:

Ellos son los que van a denunciar el crimen en Bogotá...

Mujer vieja:

¡Quieren ganar indulgencias con camándula ajena!

Mujer joven:

¡Tengo que hablar! Han condenado a Dolores Jaramillo a seis meses. A Pastora Gómez a un año y está en la cárcel con sus tres hijos. La hija mayorcita es ya concubina de los militares... Mercedes Arias, condenada a cinco años, Gertrudis Bravo, a siete años... ¡Sólo por sentarse día y noche en la línea férrea! ¡Por impedir que corrieran los trenes! (*Señala a la vieja.*) ¡A ella le mataron el marido y dos hijos!

Representante 1:

(*A la vieja.*) No tenga miedo, señora. La hegemonía se tambalea. Vamos a restaurar la moral y la justicia...

Representante 3:

Tengan confianza en el nuevo caudillo popular... (*La mujer joven besa las manos del representante 1 mientras la vieja mira con desconfianza.*)

Angarita:

Interrogue a ese hombre (*señala al peón del fondo*), es uno de los testigos que declararon contra Castrillón... Está dispuesto a decir la verdad...

Representante 1:

Gracias, padre, seguiré su consejo... (*El representante 1*

se dirige al sitio donde está Castrillón, el representante 3
con el "testigo" pasa al congreso.)

18

Representante 1:
(*Llega al banquillo de Castrillón, éste se levanta y le tien-*
de las manos encadenadas.) Lograremos su libertad,
amigo, tenga confianza. . . Necesito datos precisos para
el debate. (*Castrillón le indica un fajo de papeles que*
está debajo del banquillo, el representante 1 lo saca.)
Castrillón:
Es la historia documentada y verídica de la huelga. . .
Representante 1:
Usted pertenece al Partido Socialista Revolucionario,
¿no es cierto?
Castrillón:
Sí, doctor. . .
Representante 1:
¿Había estado antes en otras huelgas?
Castrillón:
Sí doctor.
Representante 1:
Nada de mencionar eso en el debate. Hay que negarlo. . .
Castrillón:
Sí, doctor.
Representante 1:
¿Estuvo en Rusia el año pasado. . .? (*Castrillón asiente.*)
Eso lo van a utilizar. . . (*Pausa.*) En la manifestación de
Ciénaga el 5 de diciembre por la noche, horas antes de la
masacre, usted aseguró que los soldados no iban a dispa-
rar. . .
Castrillón:
Sí doctor. . .

64

Representante:
   ¿Tenía algún informe confidencial. . .?
Castrillón:
   No, doctor. Los soldados rasos mostraban simpatía por
   la huelga. . . No creí que dispararan. . . Me equivoqué. . .
Representante 1:
   Habrá que manejar ese asunto con mucho cuidado en el
   debate. . . Es indispensable que usted tenga mucha pru-
   dencia. . . (*Castrillón agacha la cabeza, mira las cadenas.*)
Castrillón:
   Sí, doctor.
Representante 1:
   Pero vamos a salir adelante. . . ¡Una nueva época se
   inicia! (*Los dos se dirigen al congreso ya completa-
   mente instalado.*)

19

Narrador 1:
   (*Canta.*) No cabía duda
   Una nueva época se iniciaba:
Narrador 2:
   (*Canta.*) Las viejas luchas de los señores
   de la tierra
   y sus recuas de siervos
   eran reemplazadas
   por las luchas entre patronos
   y obreros. . .
Narrador 1:
   (*Canta.*) Y una oligarquía renovada,
   cabalgando sobre los muertos
   de las bananeras
   y sobre el descontento popular,

asaltaba, alegremente
el poder

20

Representante 1:

Un sacerdote ejemplar, honorables representantes, un verdadero pastor de sus ovejas, pidió a este hombre que viniera aquí y confesara ante ustedes, de qué modo fue obligado a dar falso testimonio en el consejo verbal de guerra que se siguió contra el dirigente obrero Alberto Castrillón.

Fuentes:

Gerónimo Fuentes, cuarenta años, fui obrero de la United... Por orden del señor César Riascos incendié la superintendencia de la United Fruit Company en Guacamayal...

Representante 1:

¿No fue a la cárcel por eso?

Fuentes:

Sí, señor...

Representante 1:

¿Qué declaró usted en el consejo de guerra contra el señor Castrillón?

Fuentes:

Que él había incendiado la superintendencia.

Representante 1:

¿Cuál es la pena dada a Castrillón por incendiario... señorita secretaria?

Secretaria:

El general Cortés Vargas, jefe civil y militar dictó el decreto número cuatro con fecha 6 de diciembre...

Representante 1:

Cuando la sangre de los caídos estaba todavía fresca, señor presidente. . .

Secretaria:

Por el cual "declara cuadrilla de malhechores a los revoltosos, incendiarios y asesinos de la zona bananera. . ."

Representante 1:

Dentro de ese decreto cayó el señor Castrillón. (*Lo señala.*) Por declaración del testigo Gerónimo Fuentes (*lo señala*) y se le aplicó además el artículo 117 del Código Penal, con los incisos 1, 2, 3, 4, 5, 6, 7 y 8 condenándosele a sufrir la pena de. . .

Secretaria:

(*Lee.*) Veinticinco años, ocho meses. . .

Representante 1:

¿Por qué declaró usted contra su conciencia, señor Fuentes. . .?

Fuentes:

El general Cortés Vargas ofreció ponerme en libertad si yo hacía esa declaración. . . Yo dije que lo iba a pensar. . . Esa noche me sacaron al patio y me apalearon. . . Al día siguiente acepté. . .

Presidente:

(*Golpeando el pupitre.*) ¡Diez minutos de descanso! Pasado esos diez minutos tendrán la palabra el general Cortés Vargas y el señor Alberto Castrillón para hacer sus cargos y descargos. . .

II

LA HUELGA

1

(*Todo comienza como si el congreso reanudara su sesión interrumpida por el descanso, pero, a medida que algunos personajes van hablando, comieza el cambio.*)

Presidente:

Tienen la palabra los dos acusados. (*Cortés Vargas y Castrillón se ponen en pie.*) Según el orden del día vamos a examinar los hechos ocurridos en la zona bananera. . .

Secretaria:

¿Juran decir la verdad, toda la verdad y nada más que la verdad? (*Cortés Vargas y Castrillón levantan la mano.*) Si así es, Dios y la Patria os lo premien, si no El y Ella os lo demanden.

Presidente:

Tiene la palabra, señor general. . .

Cortés Vargas:

Mis acusadores han dicho que fue una huelga pacífica. . .

Representante 1:

¡Lo corroboran el gobernador y el señor jefe de la Oficina General del Trabajo de la zona! (*Señala el archivo.*) Allí están los documentos. (*El presidente golpea.*)

Cortés Vargas:

Yo voy a demostrar que se trataba de un complot subversivo. Hacia 1905 se organiza un llamado Congreso

Obrero en Guacamayal y los documentos también están allí. (*Señala el "archivo".*) En ese congreso estuvieron el señor Castrillón y el señor Mahecha. Allí reclutaron las fuerzas de choque de la Unión Sindical Obrera que fueron probadas en la huelga petrolera de Barranca Bermeja y en la huelga de braceros del Río Magdalena, ocurridas ambas en 1924. Los documentos también están allí... (*Señala el archivo de nuevo.*) En 1926 se reunió el 2.º Congreso Obrero en Guacamayal. Ya no sólo asistieron a él Mahecha y Castrillón, sino delegados extranjeros como Genaro Toroni, anarquista italiano, Elías Castellanos, anarquista español y James Hardfield, comunista norteamericano. También yacen allí los respectivos documentos. (*Vuelve a señalar el "archivo".*) ¡En ese congreso se organizó el complot subversivo de las bananeras!

Castrillón:

Desde el principio el comité de huelga fue una frágil embarcación en un mar de incontrolable entusiasmo popular... ¡Si hubo una huelga espontánea, fue la de las bananeras!

2

Actor 6:

Yo paso a representar a otro gerente de la United Fruit Company: a míster Brandshaw, quien ocupó el cargo en la época de la huelga.

Actor 1:

Yo represento, ahora, a José Montenegro, asesor jurídico de la Unión Sindical de Trabajadores del Magdalena...

Actor 5:

Yo represento a un empleado del gobierno: al jefe de la Oficina General del Trabajo de la zona bananera.

Narradores 1 y 2:

Nosotras hacemos ahora el papel de obreras. (*El narrador 1 se sienta, entre el grupo de obreros, con un niño en brazos.*)

Obrera 1:

Cuidamos la línea férrea.

Obrera 2:

Para que no pasen los trenes cargados de frutas.

Obrera 1:

Pues estamos en huelga.

3

Grupo de peones:

(*Cantan.*) Mientras trabajamos
y trabajamos
no existimos.

Obreras:

(*Cantan.*) Sólo cuando paramos
se dan cuenta que vivimos.

Actor 3:

(*Canta.*) La gente cree que el dinero
como la planta crece
y da racimos.

Grupo de peones:

(*Cantan.*) Pero es nuestro trabajo
el trabajo en que nacemos
y crecemos y morimos. . .

Obrera 1:

(*Canta.*) Lo que produce todo.

Grupo de peones:

(*Cantan.*) ¡Por eso cuando paramos,
existimos!

4

(El espacio de la presidencia del congreso se ha convertido en la sala de gabinete de la gobernación de Santa Marta. Allí llegan los actores 4, 5, 6, 7, 1, 2, 8 que representan, respectivamente, a Riascos, al jefe de la Oficina del Trabajo, a Brandshaw, al gobernador, a Montenegro y a un oficial, y allí queda, con su archivo, la secretaria.)

Riascos:

No son obreros de la compañía. . .

Montenegro:

Ese truco legal dio resultado durante veinte años. Ya se terminó.

Brandshaw:

De todos modos hemos accedido por petición de ustedes a iniciar las negociaciones.

Gobernador:

Lo que me parece sensato. . . No podemos mantener esta situación sin el peligro de graves problemas de orden público.

Montenegro:

(Al gobernador.) La conducta de los obreros es ejemplar. Han hecho cerrar los estancos, ellos vigilan las vías contra los sabotajes intentados por los altos empleados de la compañía. . .

Riascos:

¡Los sabotajes son obra de los huelguistas!

Montenegro:

¡Como asesor del sindicato puedo comprobar lo contrario!

Cortés Vargas:

Aquí lo que hay es una conjura contra el gobierno y las

instituciones. Veamos a qué obreros representa la comisión negociadora. (*Toma un papel del archivo de la secretaria. Lee.*) Erasmo Coronel, Pedro del Río y Nicanor Serrano, delegados de los sindicatos, ligas y comités de braceros, obreros, campesinos, colonos, tenderos, carniceros... pequeños comerciantes... ¿Cuáles son, entre toda esa maraña, los verdaderos obreros de la compañía, los que pueden aspirar legítimamente a ese título...?

Montenegro:
Las múltiples violaciones de la ley, por parte de la compañía han creado esa solidaridad de los diversos sectores...

Brandshaw:
No hemos violado ninguna ley según mis asesores jurídicos... señor Montenegro...

Gobernador:
Esas ya son palabras mayores, señor Montenegro...

Cortés Vargas:
Eso hace parte de la misma conspiración... Y yo me voy a encargar de que eso se aclare. Voy a separar obreros de agitadores. A los agitadores los encierro, a los que pueden aspirar a ser obreros les oímos las peticiones que sean justas. (*Entra el actor 5.*)

Jefe:
Señores, buenas tardes. (*Pone sobre la mesa un cartapacio de papeles. Todos esperan, el jefe saca un papel.*) Ha sido difícil reunir tanta liga y tanto comité...

Cortés Vargas:
Lo grave es reconocer esa promiscuidad como una potencia y negociar con ellos...

Jefe:
En mi condición de jefe de la Oficina de Trabajo de la zona, he reunido a los representantes de los trabajadores

los cuales han decidido que los tres puntos aceptados no permiten, por ser absolutamente secundarios, llegar a ningún acuerdo.

Cortés Vargas:

¡Y no van a aceptar ningún tipo de acuerdo, mientras los agitadores no estén presos. . .!

Jefe:

Prefieren prescindir de todos los puntos y sustentar sólo tres:

1º : El cambio de los contratos individuales por contratos colectivos,

2º : El seguro obligatorio por enfermedades y por muerte. . . y

3º :La supresión de los comisariatos. . .

Riascos:

¡Esos tres, son, justamente, los que no podemos aceptar!

Brandshaw:

Señorita secretaria, tenga la bondad de enviar a Bogotá el siguiente telegrama: "Agitadores rechazan propuestas generosas que prueban intención nuestra resolver pacíficamente problema zona. . ." (*Cortés Vargas se levanta y habla en voz baja con el oficial que está a su lado. El gobernador se acerca a Riascos.*)

Gobernador:

Señor Riascos, usted debe intervenir para que no se rompan las negociaciones. . .

Riascos:

Haré todo lo posible, señor gobernador. . . pero. . . quiero enseñarle esta hoja clandestina. (*Lee.*) "Hay que fraternizar con los soldados. Hay que separar a los soldados de los oficiales. Los soldados son pueblo como nosotros. . ."

74

Gobernador:

Estamos sobre la pista de la imprenta. . .

Riascos:

El problema son los agitadores. . . (*La reunión se deshace en silencio. Montenegro pasa al grupo de obreros. Lleva aparte a Castrillón y le habla en secreto.*)

Montenegro:

La situación se ha complicado. Hay orden de detener a todo el comité de huelga.

Castrillón:

Gracias por el aviso, señor Montenegro (*aparte*) avisen a Mahecha. . . Hay que trasladar la imprenta. (*Salen Castrillón y uno de los obreros.*)

Montenegro:

(*Al narrador 2.*) ¿Me da una taza de café? No comulgo con las ideas de ustedes. . . Pero sin Castrillón y sin el comité, los obreros pueden recurrir a la violencia y entonces el general puede llegar a una masacre. (*Toman café.*)

(*Al puesto de los obreros llega el oficial.*)

Oficial:

Tengo orden de detener a Castrillón. Sé que está aquí. (*Los dos narradores y los otros obreros lo miran sin decir nada.*) Bien, en ese caso, quedan detenidos todos ustedes. . . (*Va a salir, se detiene.*) Avisen a las mujeres que están tendidas en la vía que el tren va a pasar de todos modos. (*Avanza un poco más hacia la lateral.*) ¡Sargento López! (*Pausa, más fuerte.*) ¡Sargento López! . . . (*Sale.*)

Montenegro:

Le dije que el general está dispuesto a todo. . . Hay que tener cuidado. . . está buscándonos el pierde. . .

Narrador 1:

En realidad, busca la imprenta. . .

Montenegro:

No deberían publicar esas hojas... Piensen ustedes lo que les dé la gana, pero no publiquen eso... Es falta de táctica.

5

(*Entra el oficial.*)

Oficial:

¡Señor Montenegro, miles de huelguistas, hombres y mujeres, han copado a mi patrulla! ¡Se trata de un acto subversivo! ¡Lo hago a usted responsable si ocurre algo! Voy a la estación de ferrocarril a llamar por teléfono al general. ¡No se muevan de aquí o se exponen a las consecuencias! (*Sale.*)

Montenegro:

Yo voy a poner en libertad a la patrulla.

Narrador 2:

¿Por qué?

Narrador 1:

¡La consigna es hablar con los soldados!

Montenegro:

¿La consigna de quién? ¡De Mahecha, de Uribe Marques, de Torres Giraldo, de la María Cano... de los comunistas! ... ¡La consigna nuestra es negociar! ¡No permitiremos que utilicen la huelga para los fines antipatrióticos del comunismo internacional! (*Sale.*)

Huelguista 1:

¡Ese se vendió, compañeros! ¡Hay que agarrar esas armas y empezar a pelear!

Huelguista 2:

¡Hay que esperar una decisión del comité de huelga!

Huelguista 3:

¿Ustedes también se van a vender como él?

76

Acuérdense que tuvimos que obligar al comité a declarar la huelga.

Narrador 2:

Y se declaró antes de tiempo. Sin suficiente preparación.

Narrador 1:

¡Ahora pagamos las consecuencias! ¡No hay un fondo de reserva que nos permita resistir largo tiempo!

Narrador 2:

Estamos resistiendo a puro entusiasmo. . .

Narrador 1:

Y el entusiasmo no nos puede llevar a pelear a la loca. . . ¡La zona está militarizada!

Narrador 2:

¡Nos barren como moscas con las ametralladoras!

Huelguista 1:

¿Qué carajo hacemos, entonces?

Narrador 1:

Aguantar. . . Tener disciplina. . .

Huelguista 2:

Confiar en el comité de huelga. . .

6

Secretaria:

¡Llaman por teléfono al señor general! (*A la voz de la secretaria, Cortés Vargas entra a escena, toma el teléfono, entran luego Brandshaw, el gobernador, Riascos y la viuda de Dávila.*)

Cortés Vargas:

¿Aló? ¿Aló? ¡Hay interferencias! ¡Las telefonistas están de parte de la subversión e interfieren la línea! ¡Todo está lleno de espías!

Gobernador:

No exageremos, general. . .

Cortés Vargas:

(*Al teléfono.*) ¿Cómo? ¡Usted es un cretino y un cobarde! ¡Salgo inmediatamente para allá! (*A la secretaria.*) ¡Cablegrafíe a Bogotá que decreten el estado de sitio! ¡Las cosas llegaron, desgraciadamente, donde yo esperaba que llegaran! (*A los otros.*) ¡Un teniente y su escolta han sido copados por los huelguistas! ¡Entregaron las armas!

Gobernador:

¡Hay que pedir refuerzos!

Cortés Vargas:

Pero, ¿no es una huelga pacífica, señor gobernador? ¿No es una huelga legal, según el señor jefe de la Oficina del Trabajo?

Riascos:

A usted le prometieron ayuda de su país, señor gerente, ¡Solicite el desembarco de marines!

Brandshaw:

(*Por una vez descontrolado.*) ¡Si los soldados se unen a los obreros, yo solicito ayuda!

Riascos:

(*Histérico.*) ¡Hay que evitar una masacre, señor gerente!

Viuda de Dávila:

¡Seremos masacrados sin compasión! (*Llora. Salen todos tratando de consolarla.*)

7

Cortés Vargas:

(*Antes de llegar al puesto de los obreros se detiene.*) Montenegro, un hombre moderado, evitó un desastre.

Castrillón:

El gobernador se dirigió a Bogotá explicando que el ejército dominaba completamente la situación y que, por el momento, no era necesario el estado de sitio.

Narrador 1:

Pero el incidente fue utilizado por la prensa oficial para pintar a los huelguistas como feroces bolcheviques que ponían en práctica un plan preparado en Rusia.

Narrador 2:

La prensa de oposición se volvió contra nosotros... Sectores importantes de la opinión pública nos volvieron la espalda...

Narrador 1:

Y el Partido Socialista Revolucionario se dividió. Los más radicales acusaron al comité de huelga de haberse vendido...

Castrillón:

La confusión creada, debilitó el movimiento...

Cortés Vargas:

Algunos aficionados al arte de la guerra me criticaron en los periódicos. Me acusaron de tener las tropas distribuidas por toda la zona y no concentradas para una eventualidad. Según estos cagatintas. (*Rompe un periódico y lo pisotea.*) César y Napoleón ya habían dictaminado sobre este particular... ¡La guerra no tiene leyes eternas e inmutables! (*Pausa, trata de tranquilizarse.*) ¡Ya quisiera ver yo a César y a Napoleón en la zona bananera! ¡La estrategia se crea sobre el terreno! Mussolini marchó hace cinco años sobre Roma. ¿Marchó de la misma manera que Julio César? ¡No! ¡Fue una marcha muy distinta! ¡Y nadie niega que Mussolini es un gran hombre y un gran estratega! ¡Nadie puede negar que el fascismo es el futuro de la humanidad! (*Regresa a la gobernación. Entran al mismo sitio Brandshaw y Riascos. Brandshaw se sienta en el centro y a sus lados Riascos y Cortés Var-*

79

gas hablan en voz baja. Se ve que están tomando una decisión muy seria.)

Castrillón:

La United Fruit Company no necesitaba un César ni un Napoleón en la zona bananera.

Narrador 1:

No peleaba contra Aníbal ni contra los reyes de Europa. . .

Castrillón:

Y tenía experiencia: había derrotado a los pobres y a los desarrapados en Guatemala, Panamá, Costa Rica, Cuba, Puerto Rico. . .

Narrador 1:

Y 1928 era una época sombría. Contra la luz tenue del socialismo recién nacido. . .

Narrador 2:

Empezaba la marcha triunfal del fascismo.

8

Jefe:

(Llegan a la gobernación Montenegro y el jefe.) (A Montenegro antes de entrar en la reunión.) Allí está la Santísima Trinidad: El Padre, el Hijo y el Espíritu Santo. . . debe haber salido humo. . . *(Entra el gobernador y da la mano a Riascos, Brandshaw y Cortés Vargas.)*

Montenegro:

Hay que tratar de negociar. . . estamos perdiendo fuerzas *(toman asiento.)*

Brandshaw:

Hemos decidido abrir de nuevo las negociaciones. . .

Gobernador:

¡No podía ser de otro modo, señor Brandshaw!

Montenegro:

Mis felicitaciones *(la viuda de Dávila aparece con una bandeja llena de copas de champaña).*

Gobernador:

Yo conozco a mi gente... si la compañía cede en los contratos colectivos, por ejemplo, los obreros vuelven al trabajo y los cuatro agitadores comunistas se quedan viendo un chispero.

Brandshaw:

Es uno de los puntos en los cuales el señor César Riascos y yo hemos pensado ceder.

Riascos:

También cedemos en el seguro obligatorio, y en el cambio de contratos individuales por contratos colectivos.

Jefe:

¡Solucionada la huelga! (*Juntan las copas.*)

Montenegro:

Yo me comprometo desde ahora a que los obreros acepten ese convenio (*beben*).

Riascos:

No se aceptó la supresión de los comisariatos porque eso no depende directamente de la compañía... es un problema de libertad de comercio que está en litigio, en este momento, en el Congreso de la República... Si allá deciden una política nacional de libre cambio o una política proteccionista... la compañía procede en consecuencia...

Jefe:

¡Ese no es un problema laboral! Afecta a los comerciantes no a los obreros.

Brandshaw:

Ahora bien, señores... el problema grave es que nosotros (*señala a Riascos y a la viuda de Dávila*) tenemos casi cien mil racimos pendientes...

Montenegro:

Una vez firmado el convenio... (*Todos lo miran con tremenda hostilidad.*)

Viuda de Dávila:

Usted sabrá de huelgas, señor Montenegro, pero no sabe

de agricultura. La *Grosse Michelle* es delicada y caprichosa. . . no puede esperar el convenio.

Gobernador:

¡La fruta primero y después el convenio! Una cosa es el
problema técnico y otra el problema legal, señor Montenegro.

Jefe:

Además es cuestión de días. . . los obreros tendrán que
atender y colaborar.

Brandshaw:

¿Cómo me garantizan ustedes que el trabajo empieza
inmediatamente y que los trenes. . .?

Gobernador:

¡Con un decreto! Escriba, señorita secretaria. . . (*Dicta
en voz baja.*)

Montenegro:

Señores, con el permiso de ustedes. . . (*Va a salir.*)

Cortés Vargas:

¿Está todo claro, señor Montenegro. . .? (*Montenegro
lo mira un instante, luego sale sin hablar.*)

Jefe:

(*Preparándose para salir.*) ¿Cuándo cree usted que se
firmará el convenio. . . señor gerente?

Brandshaw:

Tan pronto como lo apruebe Boston. . . (*El jefe sale.*)

Gobernador:

(*En voz alta.*) José María Núñez Roca, gobernador del
Departamento del Magdalena (*firma*). Brindemos por
este acuerdo histórico, señor gerente (*Brandshaw, Riascos, el gobernador y la viuda de Dávila brindan y salen,
sólo queda la secretaria y su archivo*).

9

Jefe:

(*Llega al puesto de obreros agitado.*) ¡El gerente concedió el cambio de contratos individuales por contratos colectivos y el seguro obligatorio! ¡Es un triunfo en toda la línea! (*Estrecha las manos de Castrillón, de los narradores 1 y 2 y de los obreros.*) No fue fácil. Fue una verdadera batalla (*en voz baja*). El general Cortés Vargas está furioso. . . (*Risas.*)

Huelguista 4:
 ¡Hemos triunfado!
Huelguista 5:
 ¡Somos obreros!
Castrillón:
 Un momento. . . ¿qué pasó con los comisariatos. . .?
Jefe:
 Eso es imposible mientras el Congreso no decida si hay libre cambio o proteccionismo. . .
Huelguista 1:
 No entiendo. . .
Jefe:
 O se abren las puertas a las manufacturas extranjeras, a cambio de nuestros productos agrícolas y mineros, o se cierran y producimos aquí esas manufacturas. . .
Huelguista 1:
 Pues produzcámosla aquí. . .
Jefe:
 Eso no lo resuelven ustedes, ni yo. Nosotros no tenemos vela en ese entierro. . . eso lo resuelven allá (*señala hacia la gobernación*).
Castrillón:
 (*Que ha hablado por lo bajo con los narradores.*) Va a ser difícil. . .
Jefe:
 ¡Hay que aceptarlo!
Castrillón:
 Supongamos que haya problemas para la firma del convenio. . .

Jefe:

No los habrá. El gerente hizo la promesa solemne ante el gobernador, ante el general. . .ante el señor Montenegro. . .

Castrillón:

Para que aceptara las primeras negociaciones, pasaron casi cuatro semanas. . .

Jefe:

Ustedes tuvieron la culpa, no lograron unificarse en una sola organización. . . es mucha gracia que la compañía haya aceptado negociar con ligas y comités de obreros, tenderos, carniceros, artesanos. . .

Castrillón:

Pongamos que se demore la negociación. . .

Jefe:

No se va a demorar.

Castrillón:

Supongamos. . . nosotros hemos aceptado que se queden los comisariatos. . ., los tenderos, los colonos, los campesinos y pescadores, los artesanos y comerciantes se nos abren, se enfrentan con nosotros. . . no hay créditos, no hay comida. . .

Jefe:

Usted sugiere que es eso lo que está planeando el señor gerente. . .

Narrador 1:

No tenemos ninguna razón para confiar en el señor gerente.

Jefe:

Las mujeres no entienden de eso. . . (*A Castrillón*.) El gerente es una excelente persona. . .

(*Entra, lentamente, cabizbajo Montenegro, se produce un silencio.*)

Montenegro:

Traigo malas noticias. Han matado a un obrero en Guacamayal. . . algunos huelguistas incendiaron la superintendencia de la compañía y la policía disparó.

84

Castrillón:

¡Los huelguistas no incendiaron la superintendencia! ¡De eso puede estar seguro, señor Montenegro!

Montenegro:

No estoy tan seguro. En Riofrío ocurrió otra desgracia. Un policía estaba fijando el nuevo decreto en la puerta de la iglesia. Un obrero, indignado lo arrancó. Un soldado le abrió la cabeza con la culata. . .

Castrillón:

¿Qué dice el decreto?

Montenegro:

Ordena volver al trabajo inmediatamente.

Castrillón:

¡Aunque no se haya firmado el convenio! (*Montenegro asiente.*)

Jefe:

¡El convenio es un hecho!

Castrillón:

Un hecho que no se ha cumplido.

Jefe:

El gerente habló delante de nosotros. . .

Castrillón:

Puede haber hablado delante de Dios, señor Becerra, la verdad es que no se firmó nada. . . (*Pausa.*)

Montenegro:

Pero hay que volver al trabajo. . . En Sevilla y en Riofrío ya están circulando los trenes.

Narrador 1:

No pueden circular, primero hay que firmar el convenio. . .

Jefe:

El gerente sólo espera la aprobación de Boston. . . es cuestión de horas. . . con el teléfono y todos esos adelantos, Boston queda allí nomás. . .

Montenegro:

Hay que volver al trabajo. . . hay que dejar circular todos

85

los trenes... ¡Pero hay que conseguir una constancia de los testigos ante los cuales el gerente hizo la promesa solemne...! Y continuar la lucha de otro modo... (*Al ver la desconfianza en las caras de los obreros*.) ¡Toda lucha tiene compromisos!

Jefe:

¡De acuerdo!

Castrillón:

Pero no ese compromiso, señor Montenegro. Ese compromiso significa entregar la huelga y eso no lo vamos a hacer.

Montenegro:

¿Usted se hace responsable de lo que pueda pasar? ¡Va a correr sangre!

Castrillón:

No vamos a entregar la huelga. Eso es lo que yo sé.

Montenegro:

¡Eso es lo que ustedes quieren! ¡Que corra sangre! ¡Ustedes ponen el interés del comunismo internacional por encima del interés de los trabajadores!

Jefe:

¡Y de ese modo se colocan en el campo de la subversión! (*Salen*.)

Castrillón:

(*Nota que la discusión ha confundido a los obreros y que éstos guardan un difícil silencio*.) ¿Por qué no dice que el gobierno pone el interés del capitalismo internacional por encima del interés de nuestro pueblo? Nuestro interés es el interés de todos los trabajadores del mundo y el interés de ellos es el interés de todos los capitalistas del mundo. ¿Está claro?

Huelguista:

¿Por qué no le dijo eso?

Castrillón:

¿De qué serviría...? El interés de él es hacer carrera política...

Narrador 1:
    (*Al público.*) Se había creado el desconcierto. En algunos sitios los obreros volvieron al trabajo, engañados por las promesas y amedrentados por las ametralladoras que protegían los vagones cargados de bananos.

Narrador 2:
    Se nos enfrentaba a obreros contra obreros, y se nos enfrentaba, además, con los gremios de comerciantes, artesanos, tenderos, carniceros, pescadores. . .

Narrador 1:
    Con los que sostenían la huelga.

Castrillón:
    Se sabía que no teníamos un fondo de reserva, que habíamos procedido espontánea y apresuradamente. . .

Narrador 2:
    La guerra de clases tiene su estrategia.

Narrador 1:
    Y si tenemos un punto débil, podemos estar seguros que el enemigo golpeará en el punto débil. . .

Castrillón:
    O rompíamos unas negociaciones que aparecían como favorables y se nos venía encima la más violenta represión, o sacrificábamos a nuestros aliados. . .

Narrador 1:
    Se decidió por una precaria mayoría aceptar las negociaciones.

10

(*El jefe entra a la gobernación donde está sólo la secretaria. Escena muda de resistencia pasiva. Sale parte de huelga cuando llega Becerra a la secretaria.*)

Jefe:
    ¿El señor gobernador. . .?

Secretaria:

Está en conferencia secreta con el señor general. . . hay graves problemas de orden público. . .

Jefe:

Ya sé.

Secretaria:

(*En voz baja.*) Se espera de un momento a otro el decreto de estado de sitio.

Jefe:

¿Y el señor gerente. . .?

Secretaria:

Sigue en Boston (*en voz baja*). Ha habido dificultades con Boston. . . el único que está aquí es el señor César Riascos. . . ¿quiere hablar con él?

Jefe:

Si es tan amable. . . (*Sale la secretaria y llama al actor 4.*)

Riascos:

Señor Becerra. . . (*Se dan la mano.*)

Jefe:

Usted perdone que insista tanto. . . es muy difícil controlar a los obreros. . . la comisión negociadora lleva diez días esperando que el señor gerente regrese de Boston. . . la situación puede volverse explosiva de un momento a otro. . .

Riascos:

En lugar de esperar como unos budas meditativos, esos señores deberían conseguir que los obreros trabajen. ¡Estamos usando soldados para la carga, el transporte y el corte de la fruta y los soldados no saben hacer ese trabajo! ¡Estropean un 20 por ciento de la fruta! ¡Eso significa una pérdida mayor que el aumento que piden los obreros! ¡Usted y Montenegro se comprometieron a hacerlos regresar al trabajo!

Jefe:

Usted y el señor gerente se comprometieron a firmar el convenio. . . claro que no dieron plazo y yo comprendo que haya problemas en Boston. . . las prestaciones sociales significan dinero. . .

Riascos:

El problema no es de dinero, es de derecho. Los asesores jurídicos están arreglando el problema legal. . .

Jefe:

Cuánto tiempo. . .

Riascos:

Horas. . . días. . .

Jefe:

Les diré eso. . . (*Se dan, fría y protocolariamente, la mano.*)) (*Al salir se detiene junto a la secretaria.*) Me parece que voy a presentar la renuncia. . .

Secretaria:

Lo único que logra con eso es que se la acepten (*en voz baja*). Creo que se la van a pedir de todos modos. . .

(*El jefe sale. Brandshaw y la viuda de Dávila entran.*)

Riascos:

Se han logrado sacar cincuenta mil racimos. . .

Brandshaw:

Perderemos unos cuantos racimos, señor Riascos, pero ganaremos la guerra. . .

Viuda de Dávila:

¿Chamapaña?

Brandshaw:

Sí, gracias. . .

Riascos:

Los cincuenta mil racimos que han salido de la compañía. . .

Viuda de Dávila:

El ejército sólo saca los racimos de la compañía, señor Brandshaw. . . ¿usted cree que eso es justo?

Riascos:

Nosotros estamos corriendo con las pérdidas.

Brandshaw:

Y nosotros con el desprestigio. Los imperialistas somos

nosotros. Nosotros damos la cara y si las cosas se ponen graves, nosotros somos el blanco. . .

Viuda de Dávila:

Eso no es tan cierto, señor gerente. A nosotros nos llaman lacayos, lambones, arrodillados. . . y por el teléfono me insultan, con la complicidad de las zambas esas de las telefonistas. . .

Riascos:

Nosotros queremos sacar nuestra fruta, señor gerente. . .

Brandshaw:

Cuando la compañía saque la suya, señor Riascos. Cuando las cosas se normalicen, o sea, cuando yo regrese de Boston y firme el acuerdo. (*Salen.*)

11

Montenegro:

(*Llega, apresurado, al grupo de obreros. Habla a Castrillón.*) Por si no lo sabe, los obreros han decidido romper las negociaciones.

Castrillón:

Lo sé.

Montenegro:

¿Lo decidieron ustedes? ¿Sabe lo que significa romper las negociaciones? ¿Quién lo decidió?

Castrillón:

Lo decidieron los obreros. Se aburrieron de buscar al gerente. Ya nadie duda de que se trata de una farsa.

Montenegro:

Y decidieron además emprender una gigantesca marcha. Ya han empezado a desgranarse de los pueblos, de los caseríos. . . ¡Vienen armados de machetes y escopetas!

Castrillón:

No vienen armados de nada. La marcha es pacífica.

Montenegro:

¿Fue decidida por el comité de huelga?

Castrillón:

No.

Montenegro:

¿Fue decidida por el Partido Socialista Revolucionario?

Castrillón:

No.

Montenegro:

¡Fue decidida por los obreros solos!

Castrillón:

Sí.

Montenegro:

Entonces que el comité de huelga pare esa locura. . .

Castrillón:

No puede. El comité de huelga ya no existe prácticamente. . . en realidad apenas si existió durante la huelga.

Montenegro:

¿Y ustedes no son tan buenos organizadores? ¿Qué pasó? ¿No supieron organizar esta huelga?

Castrillón:

Somos pocos. . . se nos puede contar con los dedos de la mano. . . y estamos confusos. . . la marea obrera nos ha desbordado. . .

Montenegro:

La gente de Santa Marta está aterrada. El decreto de estado de sitio está listo. . . ¡Hay que hacer algo!

Narrador 1:

La marcha servirá para denunciar ante la opinión pública lo que está pasando.

Narrador 2:

La Compañía y el gobierno están tramando un verdadera conspiración clandestina contra los obreros. ¡Hay que sacarla a la luz pública!

Montenegro:

¡Que Dios nos ayude! ¡La suerte de la huelga está echada! (*Sale.*)

12

Grupo de obreros:

(*Cantan.*) Nuestras victorias
están hechas
de la carne y la sangre
de nuestras derrotas.
Vean nuestra bandera abatida,
nuestra bandera convertida
en un coágulo de sangre.
Sólo los que están con nosotros
en las derrotas
estarán con nosotros,
mañana, en la victoria.

Castrillón:

Se convino en que la primera concentración de obreros se haría en Fundación.

Narrador 1:

De allí se marcharía a Ciénaga...

Narrador 2:

En Ciénaga habría una noche de descanso y, al día siguiente, de madrugada, se reanudaría la marcha hasta Santa Marta...

Narrador 1:

De Fundación a Ciénaga la marcha se realizó sin incidentes...

Castrillón:

Las tropas marchaban al lado nuestro. Hablamos con los soldados.

Narrador 2:

Se nos dijo que era una especie de escolta... Que nos protegían...

Narrador 1:

¿De quién podían protegernos...?

Castrillón:

Llegamos a creer que nos protegían de los oficiales y

compartimos con los soldados el agua, el pan. . . la pa-
nela. . .

Narrador 2:

Algunos gritaban: ¡Vivan los soldados. . .!

13

Castrillón:

(*Ya en el Congreso.*)

Cuando miles de obreros estaban concentrados en Ciénaga, el aislado y vacilante comité de huelga recibió una
llamada telefónica de la gobernación de Santa Marta. . .
Yo, personalmente, pasé al teléfono, honorables representantes. . . Pregunté: ¿quién habla? De aquí, de la
gobernación, me respondieron. Recuerdo perfectamente
el mensaje: "Con el fin de evitar un desastre, el señor
gerente de la compañía ha resuelto aceptar la supresión
de los comisariatos. . ." ¡Imaginad, honorables representantes, las expresiones de alegría que brotaron de aquellos miles de labios! ¡Treinta cocinas fueron instaladas
en medio de la plaza! ¡Pescadores, matarifes, comerciantes, vivanderos, leñadores, panaderos, todo el que
algo tenía lo daba a manos llenas! ¡La unidad de todo
el movimiento se rehacía, los que habían sido lanzados
contra nosotros nos abrazaban, nos colmaban de atencio-
nes y regalos! (*Pausa.*) Al caer la noche llamaron de nuevo. El señor gobernador y el señor gerente venían en un
tren especial, para firmar en Ciénaga, el convenio. Las
llamadas telefónicas no dejan huellas, honorables representantes. . . En el Consejo Verbal de Guerra se me llegó
a decir que yo podía haber inventado un truco, haciendo
que alguna de las telefonistas, amiga del movimiento me
llamara. ¡Que yo podía haber inventado esas conversa-
ciones para salvar el prestigio del comité de huelga!
Dejo a juicio de ustedes si el cínico fui yo o los que
urdieron esa tenebrosa trama. El hecho es que la mani-

festación de protesta se transformó en jubilosa espera del tren especial... que llegó erizado de ametralladoras y del cual no desembarcaron el gobernador y el gerente, honorables representantes, sino la muerte. La muerte para miles de trabajadores, mujeres y niños... (*Pausa. Castrillón se sienta.*)

Representante 2:

¡La subversión se ha instalado en el corazón de la patria! ¡En el interior de sus cuerpos colegiados! ¡La sal se ha corrompido, señor presidente y cuando la sal se corrompe, ya no queda nada por corromperse!

Representante 1:

Se oye hablar de corrupción a la corrupción, señor presidente, a fin de que entre tanta corrupción no podamos distinguir a la verdadera corrupción y lograr, así, la restauración moral de la República. ¡La sal es el pueblo y la sal no se corrompe, señor presidente! La corrupción tiene uniforme, señor presidente (*señala a Cortés Vargas*). ¡La corrupción tiene levita y zapatos de charol, señor presidente y frecuenta el Jockey Club!

Representante 4:

(*Al representante 2 en voz baja.*) ¡Lo que le duele es que no ha podido entrar al Jockey Club!

Representante 2:

¡Primero muerto que en el Jockey Club! (*Le apunta con un revólver. Los disparos son los golpes que da el presidente en la mesa.*)

Presidente:

Honorable representante, le prohíbo amenazar con esa arma...

Representante 2:

(*Riendo.*) Está descargada, señor presidente.

Presidente:

(*A Cortés Vargas.*) Le ruego, general, que examine el arma... (*Cortés Vargas examina el revólver y lo devuelve al representante 2.*)

Cortés Vargas:

Está descargada, señor presidente.

Representante 1:

Si el gobierno y sus asesinos a sueldo, señor presidente, creen que asesinando obreros indefensos y asesinándome a mí van a instaurar el reinado de la barbarie y la explotación, ¡están equivocados! Eso no lo lograrán ni siquiera vendiéndose totalmente a los monopolios extranjeros!

Representante 4:

Perdón... señor presidente... Este debate sobre la corrupción de las instituciones y la inmoralidad administrativa no puede convertirse en debate contra la inversión de capital extranjero. La compañía debe ajustarse a las leyes colombianas, debe respetar nuestra soberanía. Los comisariatos deben desaparecer para siempre y las tarifas aduaneras deben elevarse para proteger nuestra industria y desarrollar nuestro mercado interno... La United Fruit Company debe firmar contratos colectivos y cumplir las prestaciones sociales que exige la ley colombiana...

Representante 1:

Aquí hay un documento, señor presidente (*entrega un papel a la secretaría*). Es un contrato firmado, en la Notaría 2ª de Ciénaga, el 29 de diciembre, veintitrés días después del abaleo. Lo firmó el general Cortés Vargas a nombre del gobierno y los señores César Riascos y Brandshaw a nombre de los patronos. En ese contrato se rebajan todos los salarios de la zona en cuantía de 20 a 50 centavos, según la región.

Representante 4:

¡Debe anularse, señor presidente y deben revisarse las sentencias! No se ha hablado de la sentencia contra el señor Montenegro, por ejemplo, condenado injustamente a 8 meses de prisión por haber interpuesto sus buenos oficios para evitar el desastre.

Representante 2:

Señor presidente, aquí se están destruyendo los cimientos de nuestra tradición republicana. Eso es lo que yo llamo corrupción y no los jueguitos de palabras y las triquiñuelas. Un cura oportunista ha usado el sacramento de la confesión para que un analfabeto se retracte. ¡El cimiento de la religión está minado! ¡Se somete al escarnio del populacho a un general de la República! ¡El cimiento del ejército está minado! ¡Se ataca la propiedad con la disculpa del progreso y se mina otro sagrado cimiento! Antes de que la codicia, la envidia, las bajas pasiones humanas existieran, señor presidente, existía la naturaleza. ¡Y la naturaleza hizo países agrícolas, como agrícolas eran los pueblos asentados entre el Tigris y el Eufrates, mientras el pueblo del Señor, como nos dice la Biblia, era nómada y pastor, porque habitaba en el desierto! Los fenicios eran comerciantes porque habitaban en las riberas del Mediterráneo, e industriosos los griegos a quienes la naturaleza dotó de todo. ¡Aquí se quiere contradecir nada menos que lo que ha dispuesto la Divina Providencia! ¡Aquí se pretende celebrar una especie de rito bárbaro! ¡Una alianza entre el liberalismo civilizado, educado en Oxford y el bolchevismo disfrazado con toga romana, vestido de Catón moralizador y todo eso pagado con empréstito en dólares!

Representante 1:

Este pueblo sabe, señor presidente, que por muchos que sean los millones que vengan, esos millones no podrán redimirnos mientras la casta de uno u otro color que actualmente impera, sea la que debe administrar ese dinero. El problema no es esencialmente económico. El problema es, esencialmente, un problema de derecho.

Representante 4:

Identificado con esos planteamientos doy mi voto porque se revisen las sentencias, se anule ese papel arbitrario firmado con la United Fruit Company y se consolide la paz.

(*El representante 4, el representante 1, y el representante 3 alzan las manos y golpean los pupitres. El representante 2 se acuesta a dormir.*)

Presidente:

Hay mayoría, señorita secretaria.

Representante 1:

En las calles, señor presidente, crece un clamor popular y el general Cortés Vargas, sacado del ejército por el puntapié vindicativo de los estudiantes, ha sido nombrado comandante de la policía para que restablezca el orden. Salió por la puerta trasera el 1⁹ de junio y entra hoy, 3 de septiembre, por el arco del triunfo.

Presidente:

El señor exministro de gobierno ha mandado sobre eso, una comunicación al Congreso (*indica a la secretaria que la busque. Esta se enfrasca en la búsqueda.*)

Representante 4:

¡Una cosa es el derecho y otra es la anarquía, señor presidente! (*El presidente sigue buscando con la secretaria.*) ¡Solicito una moción de apoyo a ese nombramiento! (*El presidente que está peleando con la secretaria porque no encuentra el papel, vuelve a su lugar para presidir, pero regresa donde la secretaria.*) ¡Los honorables representantes van a tener que decidir si están con la anarquía o si están con el derecho y con el progreso! (*Los representantes 2 y 4 levantan las manos y golpean.*)

Representante 1:

¡Estoy en contra del nombramiento del general Cortés Vargas!

Representante 3:

¡Me abstengo!

Presidente:

(*Al representante 4.*) Hay mayoría... ¿Encontró la

nota, señorita secretaria. . .? (*El ordenanza habla al oído de Cortés Vargas. Este habla en secreto con los representantes 2 y 4 y con el presidente, y sale apresuradamente, se siente que ocurre algo muy grave, el presidente golpea el pupitre.*) Honorables representantes, se levanta la sesión hasta nueva orden, pues, según me avisan, ha sido turbado el orden público y decretado, una vez más, el estado de sitio.

14

Narrador 1:
(*Canta.*) Así se sembraron
en 1928.
Narrador 2:
(*Canta.*) En la tierra abonada con sangre
de la zona bananera,
Narrador 1:
(*Canta.*) Las semillas
de nuestra clase obrera.
Actor 6:
(*Canta.*) Y las semillas de otra clase,
de la clase de los industriales
en la tierra abonada con sangre
y con empréstitos.
Actor 4:
(*Canta.*) Y quedaron los árboles viejos
con sus inmensas raíces en el suelo.
Narrador 2:
(*Canta.*) Las luchas del presente.
Actor 3:
(*Canta.*) Y las victorias del futuro.
Narradores 1 y 2:
(*Cantan.*) Surgen
de aquella siembra.

Cali, marzo 15 de 1973

SERGIO ARRAU

Actor, director y dramaturgo chileno, ha desarrollado una larga y amplia labor teatral en Chile y Perú, país este donde fue fundador del grupo "Histrión, Teatro de Arte". Su actividad profesional la ha desempeñado dictando cursos en la Universidad de Chile, Universidad Católica de Chile, Escuela de Teatro de la Universidad Central de Quito, Escuela de Arte Escénico de Lima. En Perú ha montado más de cien obras, entre las cuales destacan, *Seis personajes en busca de autor* de Pirandello; *Nuestro pueblo* de Wilder; *Las nubes* de Aristófanes; *Marat Sade* de Weiss; *La noche de los asesinos* de Triana; *El rinoceronte* de Ionesco, etcétera. En Chile, para el Teatro de la Universidad de Chile en Antofagasta, *El zoo de Cristal* de Williams y *En la diestra de Dios Padre* de Buenaventura.

Entre su producción dramática cuentan: *José Manuel y el jabonero, Un tal Manuel Rodríguez, Lisístrata González, Marijuana, Tres tonos en no menor, La multa, Infierno para dos, Los zapatos, El limbo, El milagro, Val-Taro, Secretario de Estado*, etcétera.

Ha escrito y publicado obras teóricas como *El teatro y la educación* (Perú); *Elementos de dirección escénica* (Chile); *Manual de instrucción teatral* (Ecuador).

MANUEL VIENE GALOPANDO POR LAS ALAMEDAS

A Pedro Bravo-Elizondo

Primera parte

Se escuchan los sones de una guitarra y se levanta el telón.

En escena están María y Pancho, que escuchan cantar a Raúl.

Se ve un escenario desordenado. Hay sillas, mesas y algunos trastos sencillos que serán utilizados por los actores para ambientar, someramente, los distintos lugares de acción. Además hay muchas prendas de vestir, de distintos estilos, tiradas al desgaire u ordenadas en un perchero.

Los actores usarán sus prendas habituales, sobre las que se colocarán elementos de vestuario, que con un toque, caractericen al personaje que representen. De modo que nunca habrá una caracterización acabada. Tampoco habrá maquillaje.

Los actores permanecerán en escena, aunque no actúen, observando en los costados del escenario —y hasta en la sala— la actuación de sus compañeros en las escenas "teatrales". Podrá simularse los necesarios cambios de iluminación, manejando un falso tablero, también a la vista. Del mismo modo, los mismos actores realizarán los ruidos necesarios, e inclusive cuando se requiera música de escena, tarareándola.

Todos los actores deben ser bastante jóvenes.

Raúl:
   (*Tocando la guitarra y cantando.*)

"Manuel, estamos haciendo
algo que nos enseñaste
y como tú nos dejaste
queremos seguir viviendo;
siempre nos sigue lloviendo
ceniza y a veces lava
ésta empieza cuando acaba
de morir una esperanza,
de un pueblo que en añoranza
vibra en esta encrucijada."[1]

María:

Me gusta.

Pancho:

Sí. Puede servir.

Raúl:

(*Mirando hacia el público.*) ¿Quién levantó el telón?

Jorge:

(*Entrando por un costado.*) Yo. No te pongas saltón, que no hay nadie. Y a este local no se asoman ni las moscas.

Raúl:

¿Estás seguro?

Jorge:

Es hora de empezar el ensayo. ¿Llegaron todos?

María:

Faltan Víctor y la Paula. ¿Ella no estaba contigo?

Jorge:

(*Hosco.*) No.

Raúl:

Me tinca que esos dos... ¡Ta-ta-ta-tán...!

María:

¡Cállate!

Pancho:

Lo siento por la Paula.

---

[1] Versos del poeta popular Ismael Sánchez Duarte.

María:

Cómo se ve que no la conoces.

Raúl:

(*A Jorge.*) ¿Y qué dices tú, que la conoces tanto?

María:

Víctor, en todo caso, sería la víctima.

Jorge:

¿Víctima? ¡Tremendo sinvergüenza!

María:

¡Haz el favor de no hablar mal de Víctor!

Raúl:

(*Teatral.*) ¡Cómo! ¿Tú también, bruta, hija mía?

María:

¿Qué te pasa?

Raúl:

(*Idem.*) ¿Caíste en las redes del vampiro?

María:

¡Idiota!

Pancho:

(*A Raúl.*) A la otra, te rompo la guitarra en la cabeza.

Raúl:

¡Ay, qué miedo! Oye, María: ¿de cuándo que contrataste un guardespaldas?

Jorge:

(*Paseándose malhumorado.*) No hay nada más siniestro que perder el tiempo. Sin disciplina no vamos a llegar a ninguna parte. (*Mira su reloj.*) Es la última vez que me meto a hacer algo con gente incumplidora (*se escucha la risa de Paula, viniendo del otro costado del escenario. Todos miran extrañados. Entran Paula y Víctor, alegres y un poco alterados*).

Paula:

¡Hola!

Raúl:

¡Bah! Habían llegado.

Jorge:

¿Ustedes estaban adentro?

Paula:

Sí, ¿por qué?

María:

¿Desde qué horas?

Paula:

¿Qué te importa a ti?

Raúl:

¿Y qué hacían, picarones?

Víctor:

Oigan, ¿qué les pasa. . .?

María:

Pancho, Raúl y yo estamos desde hace un cuarto de hora, por lo menos. Y no los habíamos visto. Ni sabíamos. . .

Paula:

¿Y qué? ¿Hay algo que te moleste?

Víctor:

Estamos a tiempo para el ensayo, ¿no?

Jorge:

Mira, Víctor. Aclaremos una cosa.

Raúl:

¡Esto se pone bueno!

Víctor:

¿Qué quieres aclarar?

Jorge:

Antes de embarcarnos en esta tarea, llegamos a un acuerdo, ¿verdad?

Víctor:

Sí, ¿y?

Jorge:

Parece que te olvidaste. Quedamos en que, durante es
trabajo, se dejaría de lado todo lo que no fuera estric
camaradería entre nosotros.

Víctor:

Yo no pienso propasarme contigo, pierde cuidado.

Jorge:

¿Quedamos de acuerdo o no?

Víctor:

¡Vete al diablo!

Raúl:

¡Calma, hermanos míos! Y que Otelo se apiade de vos‹
tros.

Víctor:

Mientras haya cumplimiento, ¿qué importa lo demás

Pancho:

Se altera la camaradería, ya ves. Y eso repercute en ‹
trabajo.

Paula:

¡Pero qué gente más increíble! (*A Jorge.*) A ti no teng
por qué darte cuenta de nada. Y en cuanto a los otro‹
no es asunto suyo.

María:

Si no ibas a cumplirlo, ¿para qué te comprometiste?

Paula:

Mira, linda, estoy lista y a la hora, ¿no es así? Y ya qu
tanto les preocupa, estábamos discutiendo la escena de l
Panchita con Manuel Rodríguez.

Raúl:

¡Al natural y al jugo. . .!

Víctor:

Anda, tontito, y encomiéndate a San Onás.

Pancho:

¡Déjense de payasadas y ensayemos, de una vez!

María:

Sí, es lo mejor que se puede hacer.

Paula:

(*A Jorge.*) ¿Y tú, qué me miras?

Jorge:

(*Después de una vacilación, con rabia.*) Comencemos.

Víctor:

Por último, cualquier aclaración personal podemos hacerla después.

Pancho:

Dispongamos las cosas (*movilizan trastos y ordenan su vestuario*).

Raúl:

(*Canta.*)

Cierto día en un jardín
a una rosa pregunté:
dime, rosita, por qué
en Chile hay tanto cahuín. . .[2]

Pancho:

Menos canto y ayúdame acá.

Jorge:

¿Alguien ha encontrado algo nuevo?

Raúl:

¿Te parece poco lo que encontramos. . .?

María:

¿Otros datos sobre Manuel Rodríguez?

Jorge:

Porque todo lo que se escenifique tiene que ser histórico. En lo posible, con documento en la mano.

María:

Yo no he encontrado nada. (*A Víctor.*) ¿Y tú?

---

[2] Versos del poeta popular Pedro González.

Víctor:

No.

Raúl:

¡Qué iba a tener tiempo!

Pancho:

No es mucho lo que hay.

Víctor:

Al contrario, demasiado. Pero casi todo, leyenda.

Pancho:

Creo que con lo que tenemos es más que suficiente. ¿Listos?

María:

Antes, un poco de preparación física.

Raúl:

¿Precalentamiento? Algunos no lo necesitan. (*Los seis actores realizan unos cuantos ejercicios de tensión-relajación, vocales, etcétera.*)

Pancho:

¡Ya! ¡Todo el mundo a sus puestos! (*Y él mismo se dirige a un costado para efectuar el cambio de iluminación.*)

Raúl:

(*Como locutor.*) Habla doña María de la Paz Serey, con el vicepárraco de Til-Til. (*María, con un chal, caracteriza a una vieja. Jorge, con una estola o sombrero de cura, al vicepárraco. Los demás actores observan a los costados del escenario.*)

Jorge:

Cuéntenos lo que supo.

María:

"Vivíamos al lado sur del pueblo."

Jorge:

¿Cuál pueblo?

María:

¡Cuál va a ser, pues, padrecito! ¡Este!, Til-Til. "Mi padre, José Serey, se ocupaba en aquellos días en la siembra del trigo, en una propiedad que teníamos próxima a la Cancha del Gato."

Jorge:

¿Cancha del Gato?

María:

Así se llama ese descampado. "Mi tío Francisco, que vivía más cerca que nosotros de la misma Cancha, le dijo a mi padre que habiendo visto revolotear gran cantidad de pájaros grandes, se había acercado creyendo encontrar algún animal muerto; y con gran sorpresa había visto el cadáver de un hombre, bastante devorado por los pájaros y otros animales."

Jorge:

"¿Y se supo quién era ese cadáver?"

María:

"Debiera ser el de don Manuel Rodríguez."

Jorge:

¿Por qué?

María:

"Porque una de las noches anteriores habían sentido tiros desde la casa. Al poco rato llegaron unos soldados a pedir provisiones. Y contaron que pertenecían a una partida que acompañaba a don Manuel Rodríguez en su viaje. Y también contaron el fin trágico que había tenido." (*Los otros cuatro actores avanzan hacia el público, mientras Jorge y María deshacen su caracterización.*)

Víctor:

Manuel Javier Rodríguez Erdoyza.

Paula:

Nacido en Santiago de Chile.

Pancho:

Altura: un metro setenta y dos.

Paula:

Moreno.

Raúl:

Familia de clase media. Su padre era empleado de adua-
nas. (*Los actores deshacen su formación ante el público
y ordenan trastos de escenas siguientes.*)

Pancho:

Eso significaba poca plata en la casa.

María:

Harto poca. El sueldo era bajo.

Jorge:

Pero el caballero supo arreglárselas y pudo educar a sus
tres hijos en la Universidad. Los tres se recibieron de
abogados.

Raúl:

¿Sabían que al mayor de los hermanos lo llamaban "El
lentejas"?

Paula:

¡Se pasó de ridículo el sobrenombre! ¿Por qué?

Raúl:

Por ser muy moreno, parecido al color de las lentejas.

Jorge:

(*Con desprecio.*) Ascedencia negroide, seguramente.

Paula:

A mí me encantan los negros. Son tan. . .

María:

(*Sardónica.*) ¿Ardientes?

Paula:

Sí, fíjate. Muy apropiados para combatir la frigidez.

Pancho:

De manera que Manuel era abogado.

Víctor:

Abogado. ¡Y brillante! De gran porvenir, como dirían las viejas. Pero le ocurrió lo que a muchos hombres que vibran con el momento en que viven. Es decir, sacrificar su profesión, comodidades y vida tranquila, para dedicarse a luchar por un ideal.

Raúl:

(*Toca la guitarra y canta.*)
"Al fin, mi patria querida
te entrego mi corazón
y con él va la razón
y la juerza de mi vida;
que no seas sometida
a los infames tiranos;
tu destino está en las manos
de tus hombres y mujeres,
porque ellos, Chile, te quieren
siempre libre y soberano."[3]

Pancho:

(*Que se ha puesto una leva, habla dirigiéndose al público, con voz gangosa y monótona. Inmediatamente, los otros actores realizan la acción mímica de un bautizo.*) Un caluroso día 25 de febrero de 1775, en la colonial ciudad de Santiago del Nuevo Extremo, el Canónigo Magistral de la Santa Iglesia Catedral, puso óleo y crisma en la Parroquia del Sagrario, a una criatura de un día de edad, inscribiéndola bajo el nombre de Manuel Javier Rodríguez Erdoyza; a fojas 62 del libro 26, correspondiente a ese año. (*Se retiran, y Víctor se coloca un poncho.*)

Raúl:

¡Manuel Rodríguez!

[3] Del poeta Pedro González.

Víctor:

¡Presente!

Raúl:

¿Oficio o profesión?

Víctor:

Espía.

Raúl:

¿Espía? ¿De quién?

Víctor:

¡Del ejército libertador del general San Martín! (*Se retira Raúl y avanzan María y Paula. Entretanto, Pancho se pone una casaca militar.*)

María:

Alias "El Chispa".

Paula:

Alias "El Español".

María:

Alias "El Chancaca".

Paula:

Alias "Kiper".

María:

Alias "El Alemán."

Pancho:

(*Avanza personificando a San Martín.*) "Deberá darme cuenta de los siguientes datos: Opinión patriótica de cada provincia. Estado de la disciplina. Fuerza efectiva del enemigo. Estado de su táctica e instrucción. División de sus armas: infantería, caballería, artillería. etcétera."[4]

Víctor:

Entendido, general San Martín. ¡Cumpliré sus órdenes! (*Saluda y ambos se retiran.*)

---

[4] De una carta de San Martín.

Jorge:

¡Pero el pijecito era más bueno para las fiestas. . .!

Pancho:

¡Y enamorado como él solo! (*Avanza María, que se ha puesto una falda de china poblana. También avanza Víctor.*)

Víctor:

Carmencita. Desde que la vi, no pienso más que en usted. ¿Por qué se me hace la escurridiza?

María:

¿Ya llegó ya, don Manuelito? ¡Tan chinchoso que lo han de ver, por Dios!

Víctor:

La culpa la tienen esos ojazos, que me han encandilado. . .

María:

¡Las cosas que dice su mercé!

Víctor:

Que me han quemado hasta el contre.

María:

¡Mírenlo! No sabré yo que a todas les dice lo mismo.

Víctor:

¡Se le ocurre, Carmenchita!

María:

Todo el mundo lo dice.

Víctor:

¿Qué, mi vida?

María:

Que es usted enamorado y embustero.

Víctor:

Puras calumnias. No le haga caso a las malas lenguas, Carmenchita.

Pancho:

(*Como San Martín, avanza y se dirige al público enérgicamente.*) ¡Informe, Rodríguez! No tengo noticias suyas. Veo que su carácter tiene algo de fosfórico. ¿Qué diablos hace usted que no me escribe?

Víctor:

(*También habla dirigiéndose al público. María lo sigue.*) "Muy melancólicamente informará de Chile cualquiera que lo observe por sus Condes y Marqueses. Mas la plebe es de obra (*hace un guiño a María y ella se retira riéndose*) y está por la libertad, junto con muchos empleados y militares."[5]

Paula:

(*Avanza furtivamente.*) ¡Manuel!

Víctor:

¡Juanita!

Paula:

Os conseguí los datos. (*Mira hacia todos lados y le entrega un papel.*)

Víctor:

¡Bravo, Juanita! Te has portado como una real hembra.

Paula:

No sé por qué lo hice, siendo española.

Víctor:

Hembra real, porque te quiero.

Paula:

¿De veras?

Víctor:

Tanto, que por ti hasta me haría partidario de Fernando VII.

Paula:

Adulador.

[5] Carta de Rodríguez.

Víctor:

La más dulce españolita que conociera la península. ¡Mi turrón de Alicante!

Paula:

Zalamero.

Víctor:

No, Juanita, te quiero de verdad.

Pancho:

(*Que ha permanecido de frente al público, muy impaciente.*) ¡Informe, Rodríguez! (*Víctor se separa de Paula y le hace una seña de que espere.*)

Víctor:

"En Aconcagua no dejan de haber 800 a 1000 hombres veteranos. Y según las últimas cuentas, en Talca pasan con mucho de 600. Se me asegura haberse remitido dos compañías a Chillán." [6]

Pancho:

Bien. Informe recibido. (*Se retira.*)

Víctor:

(*Buscándola.*) ¡Juanita! (*Avanzan Jorge y Raúl con gorros militares de Talaveras; Jorge con un sable y Raúl con un fusil. Al verlos, Víctor se escabulle. Entretanto, Paula y María colocan un cepo, una mesita y dos sillas, mientras Pancho cambia su casaca militar por un levitón.*)

Jorge:

Debemos capturarlo en cualquier forma. Informes fidedignos aseguran que lo vieron por estos lados. (*Cruzan el escenario, buscando, inclusive hacia el público. Pancho se sienta en una silla y dormita. Víctor golpea una puerta —real o imaginaria.*)

Pancho:

(*Sobresaltado.*) ¿Quién es?

[6] Carta de Rodríguez.

Víctor:

Manuel Rodríguez.

Pancho:

(*Abriendo.*) ¡Amigo mío! (*Se abrazan.*) ¿Usted a estas horas por acá?

Víctor:

Ya lo ve.

Pancho:

Entre por favor. ¡Qué gusto de verlo! (*Le sirve un vasito de mistela.*) Cuénteme, ¿cómo van las cosas? En este retiro no sé lo que pasa por el mundo.

Víctor:

Amigo, las cosas marchan de mal en peor, para los patriotas.

Pancho:

Lo siento de veras. No me meto en política, pero le tengo simpatía a los insurgentes. ¡Que no lo sepa nadie! ¿Siempre lo persigue a usted el gobierno?

Víctor:

Ahora más que nunca.

Pancho:

(*Asustado.*) Supongo que no lo habrán visto llegar. . .

Víctor:

No se preocupe.

Pancho:

¡Si llegaran a saber que mantengo buenas relaciones con usted. . .!

Víctor:

Nadie puede sospechar tal cosa. Pero si lo comprometo. . .

Pancho:

¡No, no! Discúlpeme, Manuel. Hágame el favor de acompañarme a cenar y conversaremos.

Víctor:

Con mucho gusto.

Pancho:

Voy a disponer que preparen la cena. (*Se retira. Víctor va hacia la puerta de calle y mira cautelosamente hacia afuera. Enseguida cierra y observa con curiosidad el cepo. Ingresa Pancho.*)

Víctor:

¿Y esto, para qué lo tiene aquí?

Pancho:

(*Riendo.*) Mas bien como adorno. Porque yo no lo he usado nunca, como habrá de suponerlo. Me parece una barbaridad.

Víctor:

(*Riendo, a su vez.*) ¡Ah, de veras que es usted juez, mi amigo!

Pancho:

¿Lo había olvidado?

Víctor:

Completamente. Será porque me importa la persona y no el cargo que desempeña.

Pancho:

Como debe ser.

Víctor:

Dígame, ¿andan muchos soldados realistas por estos lares?

Pancho:

Bastantes. Sin ir más lejos, ayer no más pasó un piquete de Talaveras, al mando del capitán San Bruno. Terrible el hombre, ¿eh?, ¡tiene una fama...! Pero, cuénteme. ¿Qué me dice de ese general don Martín?

Víctor:

San Martín, querrá usted decir.

116

Pancho:

¿San Martín? ¡No diga herejías, pues, hombre!

Víctor:

Pero es que así se apellida el general.

Pancho:

¿En serio? (*Ríe.*) Lo que son las cosas. ¡San Martín! Y a mi me porfiaban que se llamaba don Martín.

Víctor:

Según eso, al criminal capitán San Bruno debería llamársele don Bruno.

Pancho:

Cierto. Y a Santiago, don Tiago. (*Ríe de buena gana, interrumpida al escucharse galope de caballos, sonidos hechos por Paula y María golpeando en sillas.*) ¿Quién podrá ser a esta hora?

Jorge:

Revisemos esta casa.

Raúl:

Es difícil que esté aquí, mi capitán. Ahí vive un juez, persona muy honorable.

Jorge:

No hay que fiarse de nadie. (*Golpea la puerta.*)

Pancho:

(*Aterrado.*) ¡Son soldados! Y no hay por dónde escapar, ni esconderse.

Víctor:

¡Rápido, ayúdeme a meterme en el cepo!

Pancho:

¿Para qué?

Víctor:

(*Ya metido en el cepo.*) Ciérrelo. ¡Vamos, apúrese! Y luego abra la puerta, tranquilamente.

Pancho:

Pero. . . ¿cómo lo voy a. . .?

117

Jorge:

¡Abran la puerta, en nombre del rey!

Víctor:

Haga lo que le digo. Yo no soy yo, ¿entiende? Soy un peón al que ha castigado.

Jorge:

(*Arreciando los golpes.*) ¡Abran la puerta o la echamos abajo!

Pancho:

(*Yendo tembloroso a la puerta.*) ¿Quién es?

Jorge:

El capitán San Bruno.

Pancho:

(*Tan asustado, que no sabe lo que dice.*) ¿Don Bruno?

Jorge:

¡Abra de una vez! (*Santiguándose, Pancho abre la puerta.*) ¿Por qué demoraba tanto?

Pancho:

Estaba durmiendo. ¿Qué se le ofrece?

Jorge:

¿Está solo?

Pancho:

Solo.

Jorge:

(*A Raúl.*) Busca por la casa. (*Raúl sale.*)

Pancho:

Un momento. Usted no tiene derecho. . .

Jorge:

¿Cómo dice?

Pancho:

Yo soy juez. . .

Jorge:

¿Y. . .?

118

Víctor:

(*Bailando.*) ¿Qué pasa?

Raúl:

Una patrulla. Afuera está esperando.

Víctor:

¿Hay otra salida?

Raúl:

Sí, pero está todo rodeado. (*Y siempre bailando, sale con María.*)

Paula:

¿Sucede algo?

Víctor:

Nada de importancia. (*Sigue bailando inquieto, buscando una solución.*) Vamos, hermosa.

Paula:

¿Tan pronto?

Víctor:

No quisiera irme todavía, pero es necesario. Salgamos con toda naturalidad. (*Van a hacerlo, cuando avanzan Jorge y Raúl de Talaveras.*)

Raúl:

¡Alto! ¡Nadie puede salir!

Víctor:

Ya lo tenemos, oficial.

Jorge:

¿Cómo decís?

Víctor:

Que ya lo tenemos.

Jorge:

¿A quién se refiere su merced?

Víctor:

Para qué disimular, oficial, estoy bien enterado. El insurgente que buscáis está allá dentro. Ya es nuestro. Pero esta vez no lo dejéis escapar.

Jorge:

Sí, señor, pero. . . ¿quién sois?

Víctor:

¡Cómo, oficial! ¿Bromeáis? ¿No me conocéis?

Jorge:

Creo que. . . sí, señor. . . disculpadme.

Víctor:

Mucho ojo, oficial, que el rebelde es un zorro. (*Se retiran Paula y Víctor. Avanza Pancho, como San Martín, dirigiéndose al público.*)

Pancho:

¡Informe, Rodríguez! (*Se retiran Jorge y Raúl. Avanza Víctor.*)

Víctor:

"Si usted quiere que los hombres obren por la libertad en el reino de Chile, si no quiere que pierdan hasta el genio, prevéngales no entrar en este maldito país, el más degradado de cuantos tiene el mundo."

Raúl:

(*Sorprendido, igual que los demás actores.*) ¿Qué dices?

Víctor:

"La gente media es el peor de los cuatro enemigos que necesitamos combatir. Ella es torpe, vil, sin valor, sin educación, capciosísima y llena de la pillería más negra. De todo quieren hacer comercio, en todo han de encontrar un logro inmediato; y si no, adiós promesas, adiós fe; nada hay seguro en su poder, nada secreto." (*Durante este parlamento se han ido adelantando los actores, mirando extrañados a Víctor.*)

Raúl:

¡Oye, párale! Te estás arrancando con los tarros.

Víctor:

(*Abandonando su caracterización.*) ¿Yo? No hago más que repetir las palabras de Rodríguez.

Paula

¡No te puedo creer...!

Víctor:

Todo lo que dije es textual. De una carta que envió a San Martín. Y todavía agregó: "A Chile no le encuentro otro remedio que el palo. Preséntese invasión. Las tropas desamparan a sus jefes como crean venir fuerza considerable", etcétera, etcétera.

Jorge:

(*Triunfal.*) ¿Qué les parece?

Raúl:

¡Genial!

Jorge:

Esto viene a confirmar lo que siempre me ha parecido el fulano: nada más que un pijecito botado a revolucionario.

María:

¿Estás chiflado? Pocas veces se ha visto revolucionario más auténtico.

Jorge:

¿Y es propio de un "padre de la patria", como le llaman, tratar a Chile de "maldito país" y de que no le encuentra "otro remedio que el palo"?

Raúl:

A lo mejor en esto último tiene razón.

Jorge:

¡Y para colmo el tipo se gasta estatua y todo!

Víctor:

Pero... aclara, ¿quieres?, que no te entiendo.

Jorge:

Salta a la vista, sin mayor análisis. ¿Qué era? Un tipo de medio pelo; inteligente, sí, y audaz, pero arribista. Se hace partidario de Carrera, porque cree que con él subirá a la cúspide, y de paso codearse con la aristocracia. Le

125

fue mal a Carrera y... ¡prum! ... ¡al hoyo, Rodríguez! ¿Qué le quedaba entonces? Hacerse ultrarrevolu-
cionario, de puro resentido.

María:

¿Hablas en serio?

Jorge:

Después ofrece sus servicios a San Martín. Que era enemigo de Carrera, por lo demás. . .

Pancho:

Ni amigo ni enemigo. Pero sí el hombre que, en ese
momento, preparaba una expedición liberadora.

Jorge:

Y cumplió bien con él, lo sé. Pero siempre con la esperanza de que Carrera volviera a Chile, a retomar el mando.

Víctor:

Eso te demuestra su lealtad. Mejor dicho, lealtad a la
causa liberadora, fuera quien fuese quien la dirigiera.

Raúl:

(A Jorge.) Oye, ¿a ti te cae mal el personaje o el que lo
interpreta?

Jorge:

Para mí no pasaba de ser más que un exaltado y una
especie de play-boy.

Raúl:

¿Quién. . .? ¿Víctor?

Víctor:

¿Qué pasa, Jorge? Parece que estamos hablando otro
idioma.

Jorge:

Me estoy basando en los juicios que expresa el "héroe".

María:

(Mal interpretándolo.) El que lanzara expresiones duras

126

sobre Chile, no tiene nada de raro en un hombre apasionado. Pero no hay que confundirse, pues el amor muchas veces conduce a la negación de lo amado.

Pancho:

La pura verdad. ¿Nosotros mismos no despotricamos a cada rato? ¡Y con razón, porque lo que ocurre aquí es como para desesperar a Job...! Pero no por eso amamos menos nuestra tierra.

Víctor:

Yo estoy totalmente de acuerdo con lo que afirma Rodríguez. Parece que nuestra gente se ha caracterizado siempre por una ambigüedad desesperante. Todo es aquí superficial, blandengue. De repente, entusiasmos locos y luego, olvidos totales. Pasándose rápidamente de uno a otro lado, siempre hacia el sol que más calienta.

María:

Cierto. Pocos son los que mantienen una posición.

Víctor:

Claro, pues, porque domina el espíritu de la clase media, que tan bien retrata Rodríguez. ¿o acaso no se siguen manteniendo las mismas características de vileza, falta de valor, pillería y que sólo hay interés por medrar?

Paula:

(*Que se ha estado arreglando las uñas.*) Oigan, ¿por qué no cortan la lata? ¿Vamos a seguir ensayando o no?

Pancho:

Sería lo más conveniente.

Jorge:

Lo que es a mí no me convence...

María:

¿Quién? ¿Rodríguez o lo que estamos haciendo?

Jorge:

Ambos dos. Por eso propongo seriamente que analicemos...

127

Pancho:

Después. Con mucho análisis se paran las cosas. Mejor sobre la marcha se van aclarando las dudas. Vamos a la acción. Veamos la escena de Manuel Rodríguez con doña Francisca Segura y Ruíz. (*Todos se movilizan, creando el interior de una casa-hacienda.*)

Paula:

(*Mientras se coloca aditamentos de vestuario.*) Esta escena me encanta.

María:

A mí me parece pésima.

Paula:

¡Cuándo no!

Víctor:

Yo también opino que debíamos suprimirla.

Paula:

¿Pero, por qué, Víctor?

Víctor:

Porque al insistir en el aspecto amatorio de Rodríguez, se cae en lo accesorio. Contribuye a darle razón a Jorge. Al final quedará la impresión de que lo donjuanesco era lo primordial del personaje.

Jorge:

¿Y no fue así?

Víctor:

No, pues, no fue así. Y tú lo sabes muy bien.

Jorge:

Hasta sus enemigos hablan de lo encantador, simpático y atractivo que era para las mujeres. Y sabía usarlas muy bien, sin ningún escrúpulo.

María:

En todo caso, por una causa superior.

Jorge:

Me extraña que digas eso, María.

Pancho:

Era un espía. Y su obligación, la de conseguir informes por cualquier medio.

Jorge:

Muy ético. Usar los intereses patrióticos en su provecho personal.

Víctor:

¿Ven? Con estas escenas de alcoba, se dará una imagen deformada. . .

Paula:

Pero, Víctor. Antes que nada, el teatro debe entretener, me parece.

María:

¿Y sólo se puede lograr con escenas de amor?

Paula:

Son harto entretenidas, te diré. Trata de hacer la prueba. . . si puedes.

Pancho:

Por último pasemos la escena y veamos si sirve o no. (*Baja a la sala para mirar desde lejos. Raúl, en un costado, toca la guitarra, acompañando la acción. Todos observan con atención.*)

Paula:

¿Tienes que irte, Manuel? (*Víctor afirma.*) ¡Como siempre! Horas. En el mejor de los casos, días. ¡Y adiós!

Víctor:

Adiós, no. Hasta pronto.

Paula:

¡Quién sabe. . .! Con los peligros que corres. . ., de repente, ya no te veré más.

Víctor:

¡Panchita. . .!

Paula:

(*En un arranque.*) ¡No te vayas! ¡Presiento. . .! (*Víc-*

tor le pone delicadamente su mano en los labios.) ¿A
Mendoza? (*Víctor afirma.*) ¿Otra vez?

Víctor:

Debo recibir nuevas órdenes. Ya falta poco. ¡Se acerca la
hora de la libertad!

Paula:

Yo quiero ir contigo.

Víctor:

¡Panchita! ¿Imaginas que yo iba a exponerte. . .?

Paula:

Aquí también corro peligro.

Víctor:

Mientras no conozcan nuestra relación, nada te pasará.

Paula:

(*Estallando.*) ¡Quieres librarte de mí, es lo que pasa!
¡Como has hecho con tantas otras! ¿Crees que no sé de
tus aventuras? Van de boca en boca. ¡Desgraciada de la
que se enamora. . .! Para él no es más que una entreten-
ción del momento. Que acrecienta su fama de rey del
disfraz, de la ilusión, del engaño. . .

Víctor:

¡Basta, Francisca! Te pones histérica.

Paula:

Sí, terminemos este juego cruel. Vete y déjame tranquila
con mi hijo. Olvídanos.

Víctor:

¿De qué hablas? ¿Qué hijo?

Paula:

El que voy a tener.

Víctor:

¿No me engañas? (*Ella baja la vista. El la abraza.*) ¿Pero,
por qué no me lo habías dicho?

Paula:

¿Para que te sintieras atado a mí? ¿Obligado? Así no

130

quiero tenerte. Perdóname, Manuel. No debí decírtelo. Es egoísmo mío, que te distrae de tu misión. Yo... no soy más que un accidente en tu camino.

Víctor:

¡Cómo te gusta atormentarte, Panchita!

Paula:

(*Echándose a llorar.*) Estoy desesperada. Me muero de celos.

Víctor:

¿Celos? ¿De quién?

Paula:

De todo el mundo. Y en especial de esa a la que dedicas tus fuerzas, tu pensamiento, tus sueños. De esa maldita que me vuelve loca, porque te das entero a ella.

Víctor:

¿De quién hablas? No existe mujer que...

Paula:

¡De quién va a ser! ¡De tu querida patria! ¡Ojalá la destrocen, la hagan añicos...!

Víctor:

Vamos Panchita... ¡Qué niña eres! Mira, esa de quien estás celosa no se ofenderá si me quedo contigo un tiempo más.

Paula:

¿De veras, te quedarás?

Víctor:

Tengo que cuidarte, ¿no es cierto? Para que el niño...

Paula:

¿Y tu misión?

Víctor:

Bueno... enviaré a otro a Mendoza.

Paula:

¡Qué feliz me haces! ¡Me quieres!

131

Víctor:

Casi tanto como a. . .

Paula:

¿La patria? (*Víctor afirma, sonriendo.*) ¿Es importante que vayas donde San Martín?

Víctor:

Sí. Pero también es importante. . .

Paula:

¿Y si. . . no tengo el hijo?

Víctor:

¿Qué quieres decir? ¿Acaso has estado. . .?

Paula:

(*Echándole los brazos al cuello.*) Perdóname, amor. ¡No puedo perderte, Manuel!

Víctor:

(*Cariñoso, pero frío.*) Has hecho mal, Francisca.

Paula:

(*Haciendo un gran esfuerzo por controlarse.*) Lo sé.

Víctor:

Quisiera que comprendieras que en estos momentos es vital. . .

Paula:

Sí, comprendo. Y debes cumplir con tu deber. Sería inútil sujetarte con mentiras. Perdóname, he sido una tonta.

Víctor:

No temas, Panchita. Volveré por ti, te lo prometo.

Paula:

¿Me lo juras? (*El la abraza.*) Cuídate mucho.

Víctor:

Adiós.

Paula:

Adiós, no. ¡Hasta pronto! (*Víctor sale.*) ¿Hasta pronto? (*Amargamente.*) ¡Adiós, Manuel! ¡Si supieras. . . si supieras que lo del hijo es cierto, mi amor! Pero es mejor que no lo sepas nunca.

¡Horrible! ¡Enajenante! Parece el peor de los teleteatros. ¿Por qué no se lo ofrecemos a un canal de TV?

Paula:

A mí me gusta. Y creo que me sale bien.

María:

Lo único que te interesa es lucirte. Aunque sea con mugres.

Paula:

¡Mírenla! Todo porque tú querías hacer el papel, reconócelo. Te pusiste verde cuando me tocó a mí. ¡Cómo te habría gustado estar amorosamente en brazos de Víctor, aunque fuera en escena.

María:

¡Cretina!

Víctor:

(*A Pancho.*) ¿A ti qué te parece?

Pancho:

Tenías razón. No sirve.

Raúl:

A mí tampoco me gusta. Lo único bueno es la música.

Paula:

Pero es un suceso real. El amor de Rodríguez por la Panchita Segura fue el que le dejó más profunda huella. Y lo del hijo parece ser cierto. Aseguran que se llamó Juan Esteban.

Jorge:

En ese caso había que darle otro tratamiento a la escena, pero. . .

Víctor:

Yo propongo que la tiremos al canasto. Y punto.

Pancho:

Sí, es lo mejor. Eliminemos la escena, ¿no es cierto?

Paula:

(*A María, con rabia.*) ¡Hasta que te saliste con la tuya!

Jorge:

(*Avanza.*) ¡Manuel Rodríguez!

Víctor:

¡Presente!

Jorge:

Oficio o profesión.

Víctor:

¡Agitador! (*Y se dirige al público, bajando inclusive hacia la sala, mientras los demás actores desarman el lugar escenográfico usado y preparan el siguiente.*) ¡Ciudadanos! A todos los chilenos que tienen el corazón bien plantado en el pecho. Usted, amigo campesino. Usted, señora. Usted, pequeño comerciante. Usted, sufrido artesano. A todos los que trabajan y sufren y esperan en este país. ¡Prepárense! ¡La hora de la liberación se acerca! ¡El ejército libertador se prepara. Pero de ustedes depende su éxito o su fracaso. Porque si el pueblo no lo apoya, de nada servirán el coraje, las balas y los cañones. ¡La fuerza está en ustedes! ¡Cada cual debe convertirse en un cañón que destrozará al enemigo! (*Avanza Pancho como San Martín.*) ¡De ustedes depende. . .!

Pancho:

¡Coronel Manuel Rodríguez! (*Víctor sube al escenario y llega donde él.*) Nuevamente lo he mandado llamar a Mendoza, para encargarle una misión aún más difícil que las que, hasta ahora, ha sabido cumplir.

Víctor:

Estoy a sus órdenes, general.

Pancho:

Llevará armas e implementos para organizar la guerrilla

134

en el centro de Chile. De esta forma se distraerán las fuerzas del enemigo, se las dispersará, para que nuestro ejército pueda atravesar, sin contratiempo, la cordillera. Al mismo tiempo creará rumores falsos para despistar al adversario, de manera que jamás sepa por dónde vamos a cruzar.

Víctor:

Entendido, general. Lo haré para cumplir mejor la misión encomendada, permítame que tome como aliado a José Miguel Neira.

Pancho:

¿Quién es ése?

Víctor:

Un famoso salteador que es el terror de la región que va del Cachapoal al Maule. Puede sernos útil, si logramos convertirlo en guerrillero patriota.

Pancho:

Coronel. Nuestra causa no debe ensuciarse con malhechores ni asesinos.

Víctor:

General. Nuestra causa, que es la justa, debe triunfar por cualquier medio. (*Saludan y se retiran. Por el centro avanza Raúl, con manta de castilla y sombrero negros. Víctor se pone su poncho y avanza custodiado por Jorge, éste con carabina y poncho deshilachado.*)

Raúl:

¿A mí me buscaba?

Víctor:

Sí, amigo Neira.

Raúl:

¿Amigo? ¿De cuándo acá? (*Jorge ríe.*)

Víctor:

Desde este momento.

Raúl:

¿Sabe quién soy?

Víctor:

Será un patriota.

Raúl:

¿Qué está diciendo? (*Ríe, junto con Jorge.*)

Víctor:

No se ría, Neira. Conozco bien su trayectoria de salteador.

Raúl:

¡Ah, menos mal! Creí que me había confundido, su merced. Sí, señor, salteador, gracias a Dios. Y seguiré siéndolo mientras aguante el cuero. Lo otro que me dijo, no sé qué diablos significa. (*A Jorge.*) ¿Vos entendís? (*Jorge se encoge de hombros.*) ¿Qué quiere?

Víctor:

Ayuda.

Raúl:

¡Ah, viene a contratarme! Haberlo dicho antes. Muy bien, depende... ¿A quién quiere liquidar?

Víctor:

A los enemigos de Chile.

Raúl:

¡Nada menos! ¿Y quiénes son esos? Bueno, pero amigos o enemigos da lo mismo. ¿Cuánto paga?

Víctor:

Neira, usted es el hombre más temido por estos lados.

Raúl:

¡No me diga!

Víctor:

Sus hazañas le han dado gran fama.

Raúl:

Tanta, que si me agarran me ahorcan en menos que canta un gallo.

Víctor:

Porque siempre ha actuado en su provecho personal.

Raúl:

¡Miren qué bonito! ¿Acaso iba a actuar en provecho de los demás? ¿Dónde se ha visto?

Víctor:

¿Y qué ha sacado?

Raúl:

¿Ah?

Víctor:

¿Ha podido disfrutar los beneficios de su... trabajo?

Raúl:

No me puedo quejar. Lo he pasado harto bien.

Víctor:

¿De veras? Perseguido, odiado, viviendo siempre a salto de mata. Sin un lugar tranquilo donde descansar, más que cuevas o ranchos insalubres. Comiendo lo que caiga; atento a cualquier ruido; durmiendo sobresaltado. Siempre con el temor de ser sorprendido, ya no sólo por los enemigos, sino por sus propios compañeros. Teniendo que demostrar a cada momento que es el jefe; que no decae. Sin una mujer, que no sea a la fuerza. Sin un amigo, que no sea un compinche. Sin despertar en la gente más que odio y miedo. No. ¡No creo que lo haya pasado bien!

Raúl:

Bueno, ¿qué quiere? ¿A qué viene? ¿A ofrecerme el indulto? ¿A que me vaya a Santiago, a trabajar? ¿Al campo, a engordar chanchos?

Víctor:

Vengo a pedirle que ayude a su patria.

Raúl:

¿A cambio de qué?

Víctor:

Sólo por el honor de contribuir a la libertad de este país.

Raúl:

(*Ríe.*) ¿Se está burlando? ¡Honor! ¿Qué es eso? Yo soy libre. Y mi gente, también. ¡Qué me importa este país! Ustedes, los señorones, hablan muy bonito, pero nunca han hecho nada por nosotros. Nunca han hecho nada por los pobres. ¿O cree que me metí a salteador por gusto? ¿De puro sanguinario? ¡Qué saben ustedes! Siempre han tenido la barriga llena. Y les ha bastado mandar, para que corran a servirlos. ¡Y si no. . .!

Víctor:

Es cierto, Neira. Pero entienda que, con la libertad, habrá justicia y oportunidad para todos. Tiene razón en lo que ha dicho. Pero no confunda. Los señorones son los que, hasta ahora, han dominado esta tierra. Y yo vengo a pedirle que luche en contra de ellos. Que colabore con los guerrilleros.

Raúl:

¿En qué forma?

Víctor:

Atacando solamente a los reaccionarios realistas.

Raúl:

No me interesa. Para mí dan lo mismo unos que otros. Realistas o patriotas. (*Escupe con rabia.*) En la práctica, son la misma cosa. Cualquiera que esté arriba, da igual para los pobres. Ustedes nos buscan cuando les conviene, no más. . .

Víctor:

Se equivoca, Neira, Permítame. . .

Raúl:

¡Lárgate! No quiero oír más. Se me acabó la paciencia, contigo.

Víctor:

Está bien. Pensé que eras otra cosa, pero me doy cuenta de que eres un cobarde.

Raúl:

¿Qué dices?

Víctor·

¡Un miserable bandido!

Raúl:

(*Sacando su corvo.*) Te voy a hacer tragar esas palabras.

Víctor:

¡Mátame, cobarde! Ya veo que acostumbras a matar gente desarmada. Por eso no te atreves con los realistas. Por que están bien armados.

Raúl:

¡Neira se atreve con cualquiera!

Víctor:

No te creo. Demuéstralo.

Raúl:

Debiera matarte, por. . .

Víctor:

¡Ponte de parte de la causa patriota, Neira! En ella está la justicia.

Raúl:

No creo en la justicia. No existe.

Víctor:

Sí que la hay.

Raúl:

¡No la conoceré yo. . .!

Víctor:

Esta que así llaman, cambiémosla. Para que surja la verdadera justicia para todos.

Raúl:

(*Admirativo.*) Eres valiente. Y me gustan los tipos valientes. ¿Tú crees que las cosas pueden llegar a cambiar?

139

Víctor:

Estoy seguro, Neira. Ten la seguridad de que con Chile independiente, se acabarán los privilegiados para siempre. (*Raúl guarda su corvo y se pasea pensativo. Se detiene ante Jorge.*)

Raúl:

¿Y vos qué decís? (*Jorge se encoge de hombros. Raúl se dirige hacia Víctor y lo mira intensamente.*) ¡En fin. . .! (*Extendiéndole una mano.*) ¿Qué perdemos con hacer la prueba, digo yo?

Víctor

(*Estrechándosela con brío.*) ¡Nunca dudé de su participación, comandante Neira!

Raúl:

¿Cómo dijiste?

Víctor:

Que nunca dudé de que usted iba a. . .

Raúl:

¡No, no, lo otro. ¿Comandante, dijiste?

Víctor

Así es. Traigo de parte del general San Martín, su nombramiento como comandante de milicias.

Raúl:

¡Hombre, podías haber empezado por ahí! ¡Comandante! ¿Con casaca y todo? (*Víctor afirma, sonriente. Raúl se dirige hacia Jorge y a un lateral.*) ¿Oyeron, patipelados? ¿Bandidos roñosos? A formar todo el mundo. Desde ahora somos patriotas, ¿oyeron? ¡Patriotas! Y ustedes pelean bajo las órdenes del comandante Neira. ¡Oiganlo bien, cabezas de fierro! ¡Del comandante Neira!

Pancho:

No está mal.

Raúl:
   (*Ya sin caracterización.*) ¡Ah, no! si iba a estar mal. . .
   ¡Hay que ver quién actúa pues!

Paula:
   Oigan, ¿y cumplió su palabra Neira?

Pancho:
   Desde ese momento atacó solamente a los realistas.

Paula:
   ¡Quién lo creyera. . .!

Jorge:
   Sería por el grado de comandante que le dieron.

María:
   No creo. El hombre comprendió o intuyó. . . se sintió
   motivado. . .

Pancho:
   El caso es que se batió por los patriotas.

Víctor:
   Y en agradecimiento, cuando Chile ya era independiente,
   fue fusilado por el gobierno.

Jorge:
   Lógico. Era un bandido, ¿no? ¿Querías que lo condeco-
   raran?

María:
   Lo encuentro infame. Usar a las personas y después des-
   hacerse de ellas como si fueran. . .

Jorge:
   Eres bien contradictoria. Hace poco defendiste el uso y
   abuso que hacía Rodríguez de las mujeres, según tú por
   "causa superior". ¿Quién te entiende?

María:
   Es otra cosa completamente distinta. Y el hecho de que
   ninguna mujer lo delatara, antes bien, ayudaban a ocul-
   tarlo, era porque no se sentían engañadas, ¿no te parece?

Víctor:

Además, él no engañó a Neira. Acuérdense que también fue poco después, asesinado en Til-Til.

Jorge:

¡Bien hecho, por revoltoso!

Víctor y María:

¡¿Cómo?!

Pancho:

¡Oye, guarda!, que nos estás condenando a todos.

Jorge:

¿Acaso somos bandidos?

Raúl

¡La preguntita! ¡Peor que bandidos! Pueden soportar ladrones de autos o asesinos de viejas, ¡pero gente con ideas "foráneas"...!

Pancho:

Por si no te has dado cuenta, al armar esta obra caemos en "sedición". Lo menos veinte años.

Raúl:

(*Entre broma y serio.*) ¡Vámonos, mejor!

Paula:

¿En serio? ¿Crees que nos pueden...?

Pancho:

¿Dónde has estado metida todo este tiempo?

Raúl:

¡Me lo imagino!

Jorge:

Si es así, nos estamos exponiendo por puro gusto.

Paula:

Yo acepté porque Jorge... Bueno, y porque me gusta el teatro y...

María:

Y no tenías otra cosa qué hacer.

Paula:

No, fuera de que estoy cesante... yo comparto las ideas de este grupo. Ustedes saben que pertenecía a... Bueno, pero también creo que nos estamos exponiendo y... recién caigo en lo peligroso que es. ¿Por qué no probamos de hacer otra obra?

María:

Con harta cama.

Paula:

¡También, oye!

Pancho:

Podríamos, pero no viene al caso.

Víctor:

Desde que nos reunimos... ¿quieren que se los recuerde?... sabíamos en lo que nos metíamos. Y todos estuvieron de acuerdo. ¿Por qué retractarse ahora? ¿Acaso porque no podamos estrenarla?

Jorge:

No es una mala razón.

María:

Lo sabíamos desde un principio, Jorge. No te hagas...

Raúl:

¿Quién dijo que no podemos estrenarla? Hay lugares a patadas. Siempre que nos dejen juntos, claro. En la isla Dawson, en Chacabuco, en...

Víctor:

Si estamos en esto es porque sentimos la necesidad de expresarnos, ¿no es así?, en algo que nos importe. Y más que eso...

María:

Que nos ayude a soportar... ¡Saber que aún somos...!

Raúl:

¡Somos y estamos! ¿Pero, por cuánto tiempo...?

143

Víctor:

El que quiera irse, puede hacerlo. No está obligado. Salvo a guardar silencio, por supuesto.

María:

Pero los que queden seguiremos hasta el fin.

Raúl:

Dí mejor hasta donde podamos.

Pancho:

(*Mirando a Jorge y a Paula.*) ¿Qué dicen?

Jorge:

(*Tras breve vacilación.*) Sigamos.

Pancho:

¡Así me gusta!

Víctor:

¡Con harto pino! ¡Como si se la estuviéramos presentando a un público!

Pancho:

(*Avanza y dice con voz fuerte.*) ¡Manuel Rodríguez!

Víctor:

¡Presente!

Pancho:

Oficio o profesión.

Víctor:

¡Guerrillero! (*Y luego golpeando una silla, acompaña rítmicamente la recitación de sus compañeros.*)

María:

Acero:

ante la muerte, altanero.

¡Guerrillero!

Jorge:

Madero:

base para el astillero.

¡Guerrillero!

144

Paula:
   Alero:
   protección del aguacero.
   ¡Guerrillero!
Raúl:
   Arriero:
   del error, sepultero.
   ¡Guerrillero!
Pancho:
   Obrero:
   constructor y justiciero.
   ¡Guerrillero!
   (*Luego los seis áctores se movilizan con suma rapidez.*)
Víctor:
   (*A María, que se detiene ante él.*) Lleve este mensaje
   para don Francisco Salas: "Mañana asalto Melipilla. Haga
   usted lo mismo con San Fernando." (*Sale María corrien-
   do. Paula se detiene ante Víctor.*) Para don Francisco
   Villota: "San Fernando y Melipilla serán asaltadas simul-
   táneamente. Si pudiera hacer lo mismo con Curicó. (*Sale
   Paula. Jorge se detiene ante Víctor.*) A don José Miguel
   Neira: "Asaltaremos San Fernando, Melipilla y Curicó.
   Ensaye una correría por los alrededores de Talca." (*Jor-
   ge sale corriendo. Víctor se reúne con Raúl y Pancho.*)
Víctor, Raúl y Pancho:
   Amigos del forastero;
   justos con el prisionero
   más que amigos, compañeros.
   ¡Guerrilleros!
   (*Paula los acompaña rítmicamente golpeando una silla.
   Con posterioridad a la recitación, el golpeteo se acentúa,
   mientras los tres se desplazan y enfrentan a Jorge que
   avanza vistiendo una larga camisa de dormir.*)
Jorge:

¡Válgame Dios! ¿Qué sucede?

Víctor:

¿Usted quién es?

Jorge:

Soy el subdelegado de Melipilla.

Víctor:

Caballero, el pueblo reclama el dinero arrebatado a la fuerza como contribución de guerra. Si no obedece inmediatamente, será fusilado.

Jorge:

(*Temblando.*) Señor, estoy a su disposición. En la caja real hay cerca de 2000 pesos del empréstito ordenado por el presidente.

Víctor:

Ahora no hay más presidente que yo. Y ese empréstito es un robo descarado. ¡Las llaves!

Jorge:

(*Pasándoselas.*) Aquí están.

Víctor:

(*A Pancho.*) Saca el dinero y devuélveselo al pueblo.

Pancho:

¿Y cómo?

Víctor:

(*Riendo.*) Tirándolo a la chuña, pues hombre. (*Se retira Pancho.*) ¿Tienen armas?

Jorge:

Unas cuantas lanzas, señor.

Víctor:

(*A Raúl.*) Que las repartan a los guerrilleros. Las que sobren, las queman en la plaza. ¡Ah, y de paso te llevas a éste!

Raúl:

¿Lo fusilamos?

Víctor:

¡No, hombre! Amárrenlo, no más. Después asaltan el estanco y reparten todo el tabaco. (*Se retiran Raúl y Jorge.*) ¡Y a gritar por campos y ciudades, con toda el alma y sin miedo: ¡Viva la Patria! (*Se retira, al mismo tiempo que avanza Pancho, vestido con una elegante casaca y actuando con gestos igualmente elegantes y amanerados.*)

Pancho:

¡Esto es desesperante, increíble, inconcebible, incalificable! Nadie sabe darme razón del paradero de ese bandido. Yo, nada menos que don Francisco Casimiro Marcó del Pont, Angel Díaz y Méndez, caballero de San Hermenegildo, y Benemérito de la Patria en grado Heroico y Eminente, sumergido en este paisito (*suspira*), ¡ay! , tan lejos de la dorada Corte. (*Entra María como su secretario.*) ¿Qué noticias tenéis?

María:

¿Acerca de qué, excelencia?

Pancho:

¡De qué va a ser, caramba! Si ya cazaron a ese maldito montonero. Me tiene revuelto todo mi ejército en su persecución.

María:

No, Excelencia. No se sabe nada.

Pancho:

Ese hombre tiene pacto con Satán. Aseguran que hasta tuvo la osadía de abrirme, disfrazado, la puerta de mi carruaje.

María:

Así dicen, Excelencia.

Pancho:

¡Oficie inmediatamente al virrey del Perú! (*María se*

147

sienta a escribir.) "Manuel Rodríguez, joven corrompido natural de esta ciudad. . ."

María:

¿Corrompido, Excelencia?

Pancho:

Sí, sí, sí, continúe. "Secretario e íntimo confidente de don José Miguel Carrera, con quien fugó al otro lado de los Andes, fue mandado acá, a Chile, para preparar el ánimo de los residentes. Tal ha sido la protección que ha logrado de sus confidentes, que la oferta del olvido eterno de cualquier delito y la de una gratificación de mil pesos, no fueron bastantes para que uno solo diese el menor aviso de su existencia." (*Irrumpen los otros cuatro actores, a los que se une María, obligando a Pancho a retroceder hacia el público.*)

Los cinco:

¡Fuera! ¡Fuera! ¡Fuera! ¡Ridículo general don Francisco Casimiro Marcó del Pont Angel Díaz y Méndez. (*Pancho cae estrepitosamente del escenario.*)

Víctor:

¡Compañeros! ¡Está saliendo el sol de la libertad!

Jorge:

¡El ejército libertador triunfa en Chacabuco! (*Raúl ha tomado su guitarra y toca un "Pequén" —baile tradicional—, que es bailado por Paula, mientras cantan María y Raúl. Pancho luego sube al escenario y se incorpora al grupo. Víctor, a un costado, permanece como en éxtasis.*)

Raúl y María:

Al fin, mi vida
por fin llegará,
la ansiada aurora de libertad
la ansiada aurora de libertad

la ansiada aurora de libertad
al fin, mi vida
por fin, llegará.

Jorge:

¡Pero pronto se le acabará el baile a Manuel Rodríguez!

Pancho:

(*Impulsando a Víctor al centro, donde bailará rodeado por los demás.*) ¡Baila, baila, Manuel, que tu mala hora está por llegar!

(*Todos cantan, menos Víctor.*)

Manuel Rodríguez
feliz serás
colaboraste en la libertad
colaboraste en la libertad
colaboraste en la libertad
Manuel Rodríguez
feliz serás.

(*Siempre bailando y rodeándolo, salen de escena. Al final va Raúl.*)

Raúl:

Pero la muerte
te alcanzará.
Pero la muerte
te llevará.

TELON

Segunda parte

A telón cerrado, aparece Víctor y se sienta en el borde del proscenio, mientras enciende un cigarrillo. Poco después se le acerca Paula.

Paula:
   ¿Qué haces? Te andaba buscando.
Víctor:
   ¿Ah? Nada. Pienso.
Paula:
   ¿En mí? *(Víctor sonríe forzadamente.)* ¿Sabes? Jorge me sigue molestando.
Víctor:
   ¿Ah, sí?
Paula:
   Insiste en que vuelva con él.
Víctor:
   ¿Y?
Paula:
   ¿Qué dices tú?
Víctor:
   No sé, pues, es cosa tuya.
Paula:
   ¡Cómo que mía. . .! ¿Entonces. . .?
Víctor:
   ¿Olvidas el acuerdo?
Paula:
   Claro, ahora sacas el acuerdo. Jorge no le hace ni caso. Además te odia.

Víctor:

Peor para él.

Paula:

Cree que tú tienes la culpa de que lo haya dejado.

Víctor:

¿La tengo?

Paula:

En parte, quizás. Ya me tenía cabreada. Me cargan los tipos celosos. (*Por Víctor.*) Y también los que se creen la muerte. ¿Por qué estás tan callado? (*Víctor no contesta.*) Otro que no te puede ver es Pancho.

Víctor:

(*Sorprendido.*) ¿Por qué?

Paula:

Anda baboso detrás de la María.

Víctor:

¿Y yo qué tengo que ver. . .?

Paula:

¿Te haces. . .? ¡Por Dios, que estás importante!

Víctor:

No entiendo.

Paula:

Pero tú me quieres a mí, ¿verdad?

Víctor:

Claro. (*Se levanta.*) Voy a levantar el telón, para que sigamos.

Paula:

¡Quédate otro ratito. . .! (*Pero Víctor sale. Raúl, que hace un momento había asomado la cabeza por un lateral, entra recitando el rol de un viejo galán tísico.*)

Raúl:

"Mi papel
de galán ya concluyó;

la patria me lo exigió
para servirme de él.
Anda en paz, pobre chiquilla,
tu misión ha terminado;
tú dirás que te he engañado
pero la culpa no es mía."

Paula:
  ¡Payaso! (*En ese momento se levanta el telón. En escena están Jorge, Pancho y María.*)

Jorge:
  ¿Qué pasa?

Paula:
  Para este imbécil todo es burla. Y nadie le dice nada.

Raúl:
  Tan susceptible que estás, niña, por Dios.

Paula:
  No estoy para burlas idiotas. (*Entra Víctor.*)

Raúl:
  ¡Tanta bulla, por un chacoteo inocente. . .!

Jorge:
  Ya conocemos tu ingenio venenoso. Y está bueno que la
  cortes.

Raúl:
  Veo que aquí no me entienden. ¿Quieren que me vaya?

Paula:
  ¡Ojalá!

Raúl:
  Claro, ¿y quién tocaría la guitarra? Fuera de que perderían al mejor actor.

Jorge:
  Ni falta que haces. El país está lleno de payasos.

Raúl:
  ¡Schst! (*Mirando hacia el público.*) Mira que puede oír
  alguien.

153

Víctor:

Estamos solos y está todo bien cerrado.

María

¿Por cuánto tiempo nos prestan el local?

Pancho:

Apenas por cuatro días. Y gracias a que don Alfredo ni se imagina lo que estamos ensayando. Que si no. . .

María:

Entonces no perdamos un minuto más.

Paula:

Yo creo, sinceramente, que perdemos el tiempo al ensayar esto.

Raúl:

¡Esto! Más respeto con el jugo de nuestras células grises.

Paula:

Es caótico. No tenemos autor, ni director y ni siquiera vamos a tener la posibilidad de público. Es decir, la negación del teatro. ¿Qué sentido tiene entonces. . . ?

Pancho:

Porque lo necesitamos, por último. Por nosotros mismos. Por expresión, por juego. . . ¡por lo que crestas sea!

Paula:

Sí, pero. . .

Pancho:

¿Somos actores? Actuemos. Pero en algo que nos llene la vena del gusto. Algo en que podamos soltar tantas cosas que tenemos metidas y que nos queman el hígado.

Raúl:

¡Vamos, Víctor! A ti te toca decir como Rodríguez: ¡Pese a todo, aún tenemos teatro, ciudadanos! (*Todos ríen.*)

Pancho:

Sigamos, compañeros, contra viento y marea. (*Movilizan*

154

trastos y se colocan elementos de vestuario, mientras
Raúl, que ha tomado su guitarra, canta.)

Raúl:

Di quién viene galopando
allá por las alamedas,
como ciclón destructor
matando las malas hierbas.
¿Quién viene gritando al viento,
haciendo tronar la tierra?

Es manuel, el guerrillero
y la esperanza se eleva.

*(Avanza Pancho como teniente coronel Quintanilla y
luego Jorge, como corregidor.)*

Pancho:

Esta zona es preferida por los montoneros. Ya, anterior-
mente, han asaltado San Fernando. Pero ahora tenemos
aquí un buen contingente. Y ojalá se atrevieran a acer-
carse. ¿No lo cree así, corregidor?

Jorge:

Dice usted bien, coronel. ¿Pero hasta cuándo esos malhechores audaces, perturbarán la felicidad de los buenos y
leales súbditos, digo yo?

Pancho:

Hasta que desaparezca su criminal cabecilla. ¡Tengo unas
ganas de encontrarme frente a frente con él! *(Entra
Raúl.)*

Raúl:

Mi coronel. Un campesino de Requínoa quiere hablarle.

Pancho:

¿Quién es y qué desea?

Raúl:

Es un tal Pedro Jiménez, y dice ser sirviente de don Toribio Larraín.

Jorge:

¿Es tartamudo?

Raúl:

Como que se demora tres padrenuestros para dar los buenos días.

Jorge:

Pues entonces es el mismo. (*A Pancho.*) Es el sirviente de confianza del marqués Larraín y de seguro que le manda a su merced algún recado.

Pancho:

Entralo aquí. Y vete a ver si viene acompañado. (*Sale Raúl y entra Víctor.*)

Víctor:

Güe. . .güenas tardes, mi caca. . .caballero y coco. . .compañía.

Jorge:

Habla lo más corto posible, ¿quieres?

Pancho:

Déjelo usted, señor corregidor. Déjelo que se tranquilice y me dé el recado lo mejor que pueda. A ver, Jiménez. ¿Qué me manda decir el señor marqués?

Víctor:

Mama. . . manda decir mi papa. . . patroncito queque. . . que ha oído decir queque. . . que esta nono. . . noche van a sal. . . van a sal. . .

Jorge:

¿A asaltar?

Víctor:

Sísí. . . sí, el fufu. . .

Jorge:

¿El fundo del marqués? ¿Esta noche? ¿Quiénes?

Víctor:

La baba. . . la banda de ÑoÑo. . . Ño Neira y Mama. . .

Pancho:

¿Y Manuel Rodríguez? (*Víctor afirma.*) ¡Al fin lo tendremos frente a frente! ¡Y esta vez lo agarraré! ¡Lo juro por. . .!

Víctor:

Jaja. . . ja. . .

Jorge:

¿Qué? ¿Te ríes?

Víctor:

No papa. . . patrón. Digo que jajá. . . jamás se popo. . . podrá arrancar, sisi. . .

Pancho:

Si partimos inmediatamente. (*Sale.*) ¡Que se alisten los soldados!

Jorge:

Vuelve donde don Toribio y dile que no tenga cuidado. (*Sale.*)

Víctor:

(*Riendo.*) ¡Coco. . . cómo no! Donde voy es a ver a mis huasos. ¡Y esta noche, prepárate San Fernando, que vamos a galopar! (*Sale riendo.*)

Raúl:

(*Canta.*)
Señora, dicen que donde
mi madre dicen, dijeron,
el agua y el viento dicen
que vieron al guerrillero.

Paula:

Puede ser un obispo,

María:

puede y no puede,

Paula:

puede ser sólo el viento

María:

    sobre la nieve:

Raúl:

    sobre la nieve, sí,

Paula y María:

    madre, no mires,

Raúl:

    que viene galopando

Paula y María:

    Manuel Rodríguez.

Los tres:

    Ya viene el guerrillero
    por el estero.[8]

Paula:

    (*Mientras todos arman un despacho gubernamental, Jorge se pone una casaca a lo O'Higgins.*) ¿Esto de San Fernando, cuándo ocurrió?

Pancho:

    Justo el día antes de la batalla de Chacabuco. Manuel se apoderó de la ciudad y se instaló como gobernante.

Jorge:

    Haciendo de las suyas, como siempre.

María:

    ¿Qué quieres decir?

Jorge:

    Que actuó como un tirano. Puso las autoridades que le dio la gana. Persiguió a las familias realistas. . .

Víctor:

    ¿Y qué querías que hiciera?

Jorge:

    Atraerse a la gente y no proceder a las patadas.

---

[8] De Pablo Neruda.

Víctor:

¿De cuál gente me hablas? Porque lo que es la gente del pueblo estaba toda con él.

Jorge:

¡Pura demagogia!

María:

¿Cómo dices? ¿Le llamas demagogia al hecho de arriesgar la vida por la liberación de un pueblo? ¿Es demagogo un abogado que ni sabía montar a caballo, y que para poder dirigir a los huasos, que vivían a caballo, se convirtiera en un consumado jinete? Un hombre de cuerpo débil, que sufría de vértigo al cruzar los ríos, que a fuerza de voluntad resistiera la durísima vida de los guerrilleros. ¿Sabes lo que es eso?

Jorge:

¡Muy lírico! Pero eso no quita que fuese un anarquista que no veía más allá de sus narices.

Víctor:

¿Vuelves con las mismas? ¡Hasta cuándo! ¿Que actuó con mano dura, como gobernante? Es lo único que podía hacer, dadas las circunstancias.

Jorge:

¿Gobernante? No me hagas reír. ¡Gobernante de un pueblito como San Fernando! ¡Sancho Panza en la ínsula!

Víctor:

Chico o grande es lo de menos. Manuel realizaba las cosas con decisión. Como debe hacerse. ¡Con firmeza!

Pancho:

Sí, con tanta firmeza, que O'Higgins, apenas nombrado director supremo, lo hizo destituir. Y lo mando traer custodiado a Santiago. (*Jorge, personificando a O'Higgins, se sienta tras un escritorio. En una silla, frente a él, Víctor.*)

Jorge:

"Usted no es capaz de contener el espíritu inquieto de su genio. Y con él va tal vez, a colocar al gobierno en un delicado problema. Pues teniendo al enemigo aún dentro del país, el gobierno se halla en el deber de evitar y cortar los trastornos a todo trance."

Víctor:

General O'Higgins: ¿Podría explicarse mejor?

Jorge:

"Creo que está suficientemente claro. Es usted aún joven y madurando su talento puede ser útil a la patria, mientras que hoy le es muy perjudicial."

Víctor:

Aún no comprendo.

Jorge:

"Por lo tanto, será mucho mejor que usted se decida a pasar a Norteamérica o a otra nación de Europa, donde pueda dedicarse a estudiar con sosiego las nociones de su profesión, sus instituciones, etcétera. Para lo que se le darán a usted tres mil pesos a su embarque, como pago de transporte. Y mil pesos todos los años para su sostén. En cualquiera de esos puntos puede hacer servicios a su patria. Y aun cuando no estamos reconocidos, podrá dársele después credencial privada de agente de este gobierno."

Víctor:

General, no puede usted obligarme a dejar mi tierra.

Jorge:

Usted sabe que sí puedo hacerlo. Pero no se trata de emplear la fuerza. Menos con usted que ha sido tan útil a la causa revolucionaria. Por eso le estoy rogando que acepte. . .

Víctor:

¡El exilio!

Jorge:

Considérelo, más bien, un nombramiento en el extranjero. Con todos los honores.

Víctor:

Pero usted mismo ha dicho que tenemos al enemigo dentro.

Jorge:

Precisamente. Y por eso necesitamos un gobierno centralizado y fuerte. Cualquier asomo de anarquía nos sería fatal en este momento.

Víctor:

"Usted ha conocido, señor director, perfectamente mi genio. Soy de los que creen que los gobiernos republicanos deben cambiarse cada seis meses o cada año lo más, para de este modo probarnos todos, si es posible. Y es tan arraigada esta idea en mí, que si fuese director y no encontrase quién me hiciese revolución, me la haría yo mismo." (*Se sale violentamente de su rol de Rodríguez.*) ¡No, no, me opongo a este diálogo! ¡Es absurdo y falso!

Jorge

(*También saliéndose de su rol de O'Higgins.*) Perdóname, pero es textual de la entrevista que sostuvieron.

Víctor:

Es una pura invención de sus enemigos. ¿Estabas tú ahí?

Raúl:

No es invención. Está transcrita la conversación por un ayudante de O'Higgins, presente en la entrevista.

Víctor:

No me merece ninguna fe. ¡Ya ven, la cuenta un ayudante de O'Higgins! Por lo tanto, parcial. ¿Y acaso la historia no está llena de falsedades?

161

Pancho:

Sin embargo, esas palabras que tanto te sulfuran, son muy propias del carácter de Rodríguez, ¿no te parece?

Víctor:

¡Cómo se te ocurre que le iba a decir eso a O'Higgins! Es ridículo. Si se hubiera tratado de un amigo, pasa. Pero nada menos que a O'Higgins, que estaba buscando la ocasión para eliminarlo, era como darle la breva pelada en la boca.

Jorge:

Así está escrito en el documento.

Víctor:

Pero no puede ser verdad.

Pancho:

¿Y acaso se puede llegar a saber la verdad? Siempre es parcial. Lo que es verdad para unos, es mentira para otros. (*Raúl y Paula, cantan, a la manera de un cuplé, y bailan.*)

Raúl:

Yo tengo la verdad más verdadera.

Paula:

Tu verdad no es verdad, aunque tú quieras.

Raúl:

Mi verdad vale más, porque es auténtica.

Paula:

La mía es la verdad más valedera. (*Avanza hacia María.*)

María:

"Pilato dijo entonces. . .

Pancho:

Luego, ¿tú eres Rey?

María:

Jesús le respondió. . .

Raúl:

Tú dices que soy rey. Yo para esto he venido al mundo,

para dar testimonio de la verdad. Todo el que es de la verdad oye mi voz.

María:

Pilato le replicó. . .

Pancho:

"¿Y qué es la verdad?" (*Se vuelve a Víctor y Jorge.*) Supongamos que el ayudante de O'Higgins dijese la verdad.

Víctor:

¡Su verdad!

Pancho:

Bueno, al menos esa verdad parcial. ¿Qué les parece si seguimos?

Raúl:

Porque si nos ponemos a filosofar. . . ¡chiao, good bye, au revoir! Avanzamos igual que el despegue económico.

Víctor:

Seguiré por disciplina, pero insisto en que me merece serios reparos. (*Víctor y Jorge retoman sus personajes.*) "Y es tan arraigada esta idea en mí, que si fuese director y no encontrase quién me hiciera la revolución, me la haría yo mismo. ¿No sabe usted que también se la traté de hacer a mis amigos los Carrera?"

Raúl;

(*Asomándose.*) ¿Vas a negar que eso es cierto?

Pancho:

(*A Raúl.*) ¡No interrumpas!

Víctor:

(*Nuevamente saliéndose del rol.*) Si lo hizo, cinco años antes de esta entrevista, fue porque consideró que la revolución necesitaba otra dinámica y se estaba estancando.

Jorge:

(*Sin abandonar el rol de O'Higgins.*) Todo eso lo sé. Y por ello es que quiero que se vaya fuera.

Víctor:

(*Retomando su rol.*) Bien, pues. Espero que me pondrá en libertad para prepararme.

Jorge:

No, lo siento. Marchará usted arrestado hasta ponerlo a bordo. (*Avanza Paula alegremente hacia el público.*)

Paula:

¡Pero se escapó! (*Risotada de Víctor, que sale de escena.*) ¡Ay, Manuel; genio y figura hasta la sepultura! (*Se retira, mientras ingresa Pancho como San Martín.*)

Pancho:

"Se me presentó Rodríguez. Me ha hecho las mayores protestas de sinceridad y desea mostrar buen comportamiento. Yo no soy garante de sus palabras, pero soy de opinión que hagamos de él, el ladrón fiel. Si usted opina lo mismo, yo estaré a la mira de sus operaciones. Y a la primera que haga, le damos el golpe en términos que no lo sienta."

Jorge:

"Manuel Rodríguez es bicho malo, perjudicial para el país. Debería aplicársele un remedio definitivo."

Pancho:

Quizá tenga razón. ¿Qué les parece a ustedes? Le ofrecí la diputación a Buenos Aires y no le acomodó. Representante en las Provincias Unidas del Río de la Plata, el cargo más alto después del suyo, general. ¡Y nada!

Jorge:

Eso demuestra que es imposible sacar el menor partido de él. Lo que hay que hacer, general, es acabar de un golpe con los díscolos. La menor contemplación la atribuirán a debilidad.

María:

(*Avanza y se dirige al público*:) A Manuel no lo iban a poder comprar con puestos o nombramientos, por muy importantes que fueran. Se equivocaban los que creían que se trataba de un ambicioso. Y si no quiso alejarse de su tierra fue porque presentía que aún no había culminado su tarea. Y tenía razón. Quizá el momento cumbre de su actuación fue ante la sorpresa de Cancharrayada, derrota patriota que pareció poner fin a la liberación. (*Ingresa Paula gritando. Luego lo hacen los demás actores —a excepción de Víctor— entrecruzándose y corriendo, al mismo tiempo que sacan los elementos escenográficos.*)

Paula:

¡Desastre! ¡Derrota!

Pancho:

¡El ejército patriota está destrozado!

Raúl:

¡Estamos perdidos!

Jorge:

¡Dicen que O'Higgins y San Martín han muerto!

María:

¿Será posible?

Jorge:

Son las noticias que llegan.

Pancho:

¡Los enemigos vienen a ocupar Santiago!

Paula:

¡Oh, no! ¡Mis hijos! ¡Qué será de mis hijos!

Raúl:

¡La venganza contra nosotros será terrible!

Jorge:

¡Hay que abandonar Santiago!

Todos:

¡Sí, abandonar Santiago!

Jorge:

¡Partamos al otro lado de Los Andes!

Raúl:

¡A Mendoza, antes de que nos corten la retirada!

Pancho:

¡Aquí van a saquearlo todo!

Todos:

¡Sí, sí! ¡A Mendoza! (*Comienzan a escapar en dirección a la sala.*)

María:

¡Deténganse! ¡Tratemos de organizar la resistencia!

Raúl:

¡Es inútil!

Jorge:

¿Qué podemos hacer? ¡Hay que huir!

Paula:

¡Todo está perdido!

Todos:

¡Completamente perdido!

Pancho:

¡Viva el rey! (*Víctor, con poncho, desde el escenario los detiene.*)

Víctor;

¡Qué significa esto, compatriotas! ¿Es esta la reacción de un pueblo viril y soberano? ¡No está todo perdido! ¡Organicémonos! ¡Defendamos nuestra Patria! Si es preciso, resignémonos a morir, ¡pero aquí!, en nuestra Patria. Defendiendo su independencia con el mismo heroísmo con que hemos afrontado tantos peligros. "Aún tenemos Patria, ciudadanos." (*Se produce un silencio cargado de emotividad. Los actores se miran consultándose.*)

Jorge:
   ¿Aún. . .?
Paula:
   ¿Tenemos. . .?
Raúl:
   ¡Sí!
María:
   ¡No la abandonemos!
Pancho:
   ¡Defendámosla!
Jorge:
   Pero, ¿quién dirige la defensa?
María:
   ¡Tú, Manuel!
Raúl:
   Sí, es el único que puede hacerlo. ¡Manuel Rodríguez, director supremo!
Pancho:
   ¡Sí!
Todos:
   ¡director supremo!
Víctor:
   Acepto sólo provisionalmente. Y como asociado al director suplente, don Luis Cruz. ¿Están de acuerdo?
Todos:
   ¡Sí!
Víctor:
   ¡Entonces, a la acción! ¡El pueblo defenderá su revolución! Como primera medida ordeno que se abran los arsenales y se repartan las armas al pueblo. (*Se quita el poncho y queda de negro. Los hombres corren, se quitan las camisas y quedan también de negro —camisetas ad hoc—. Las mujeres, en los laterales, se disponen a acompañar rítmicamente, con golpes en sillas.*) En seguida orde-

no que se organice de inmediato un escuadrón de caballería.

Jorge:

Bien, mi coronel. ¿Qué nombre llevará?

Víctor:

¡Los Húsares de la Muerte! (*Los cuatro hombres cantan marcialmente.*)

Los cuatro:

Negro uniforme
negra la furia
que surge negra
del corazón.

Defenderemos
con negras ansias,
nuestra anhelada
revolución.

Viva la muerte,
si es necesario;
con la más firme
resolución.

(*Y acompañados por golpes rítmicos de María, desaparecen, al tiempo que avanza Paula y se dirige al público.*)

Paula:

¡Un día! Un solo día estuvo Manuel Rodríguez como director supremo provisional. O'Higgins, herido en un brazo, regresó rápidamente a Santiago y retomó el mando del gobierno.

María:

(*Avanza también hacia el público.*) Pero ese único día fue decisivo. Rodríguez contuvo el pánico desatado. Convenció a la gente, que quería huir a toda costa. Organizó la defensa. Levantó los decaídos ánimos de los patriotas. ¡Si no hubiera sido por él. . . (*Avanza Víctor.*)

Víctor:
Pocos días después, se consiguió, ¡al fin! , el triunfo definitivo de la causa libertaria. Y en Maipú, Chile conquistó su independencia política.

Pancho:
(*Socarronamente se acerca a Víctor y le golpea un hombro.*) Claro que en esa batalla no intervino Rodríguez.

Jorge:
Ni sus famosos húsares, que no sirvieron para nada.

Víctor:
Eso no es cierto. Participó, persiguiendo a los enemigos.

Pancho:
¡Tremenda gracia! Cuando ya todo había acabado.

Víctor:
¿Y qué querían que hiciera? La desconfianza de O'Higgins, los obstáculos que le puso, le impidieron una participación más directa, como quería. (*Entretanto, rearman el despacho gubernamental de O'Higgins.*)

Jorge:
Conociéndolo, tenía toda la razón en desconfiar. Podía aprovecharse de la situación para hacer una revuelta en favor de Carrera. De hecho, todos los húsares eran carrerinos.

Raúl:
Y acuérdate que, justo en esos momentos, dos de los hermanos Carrera estaban presos en Mendoza, condenados a muerte. (*Irrumpen María y Paula muy agitadas. Los actores inmediatamente se colocan en situación, cuchicheando y mirando para todos lados, temerosos.*)

María:
¿Sabéis la noticia?

Paula:

A mí me cuesta creerla.

Pancho:

Pero, ¿qué sucede?

María:

¡Fusilaron a don Juan José y a don Luis Carrera, en Mendoza!

Jorge:

¡Caramba! Eso es tremendo. (*Se retira, para vestirse de O'Higgins.*)

Paula:

¿Será cierto?

María:

Lo sé de muy buena fuente.

Víctor:

¡Pero si habían sido indultados. . .!

Pancho:

Lo que demuestra que se trataba de una comedia. Mientras decían que los indultaban, apuesto a que se ordenaba secretamente su muerte.

Raúl:

Hay que llamar inmediatamente a un Cabildo Abierto. Si no, ¿a dónde iríamos a parar?

Pancho:

(*Elevando el volumen de su voz.*) ¡Es preciso detener la dictadura! (*Todos, asustados, lo hacen callar.*)

Raúl:

Tenéis razón, pero callaos, por favor. Debemos reunir a todos los ciudadanos. (*Se retira, para ponerse una chaqueta como secretario de O'Higgins.*)

Paula:

Ahora que no hay peligro español, ¿nos vamos a matar entre nosotros? ¡Jesús, María y José!

Pancho:

No se justifica la mantención de una dictadura ilimitada.

¿Qué dirá, a todo esto, don Manuel Rodríguez?

María:

Oí decir que está consternado y furioso.

Pancho:

Me imagino. Él que es tan amigo de los Carrera. . .

María:

Y dicen que dijo que no se ha luchado tanto para sustituir a una tiranía por otra. (*Se retiran conversando, mientras ingresa Jorge, con un brazo en cabestrillo y se instala en el sillón del despacho de O'Higgins.*)

Raúl:

(*Avanza respetuosamente hacia Jorge.*) Mi general: viene una comisión que pide audiencia.

Jorge:

¿Con qué objeto?

Raúl:

Para poner en sus manos las peticiones de la Asamblea.

Jorge:

¿Qué Asamblea?

Raúl:

Una que está reunida a raíz de los sucesos de Mendoza.

Jorge:

¿No saben que estoy enfermo?

Raúl:

Se los he informado, pero insisten en hablar con usted. (*Los otros cuatro actores emiten voces apagadas, simulando los gritos de una multitud que se acerca.*)

Jorge:

¿Qué sucede? ¿A qué esa bulla?

Raúl:

(*Asomándose.*) Es una poblada que avanza hacia el Palacio de Gobierno.

Jorge:

¡Qué estúpida manera de apoyar la petición! ¿Así piensan hacer más valederos sus argumentos?

Raúl:

A la cabeza de la poblada, viene Manuel Rodríguez a caballo.

Jorge:

(*Incorporándose con ira.*) ¡Ese agitador incorregible! Ya colmó la medida de mi paciencia. Recibiré a la comisión, pero a Rodríguez lo llevan inmediatamente preso al cuartel de San Pablo. Y que se le inicie proceso.

Raúl:

Muy bien, mi general. (*Salen Jorge y Raúl. Haciendo girar los elementos, la escena queda convertida en prisión y se colocan dos pisos y una mesita con un tablero de ajedrez. Entra Víctor y se sienta en un piso. Enseguida entra Pancho.*)

Pancho:

¿Necesita algo, coronel?

Víctor:

No, teniente, gracias.

Pancho:

¿Quisiera jugar otra partida de ajedrez? Le doy la revancha.

Víctor:

Está bien, aunque me siento un poco cansado. (*Pancho se sienta en el otro piso.*) Pero alguna vez tengo que ganarle. (*Han sorteado piezas.*) Yo comienzo. (*Juegan mientras conversan.*)

Pancho:

Si necesita salir esta noche, no tiene más que decírmelo.

Víctor:

Esta vez, no, teniente Navarro. (*Ríe.*) ¡Si mis enemigos

172

supieran que usted me deja salir cuando me da la gana. . .!

Pancho:

Usted es hombre de honor, don Manuel. Y basta con que
dé su palabra de regresar al cuartel.

Víctor:

Mis amigos me han insinuado repetidamente que aproveche la oportunidad y me escape. ¿Para qué? Saben que
no voy a faltar a mi palabra. Además, en el juicio no se
ha podido probar ninguna acusación valedera contra mí.
Muy pronto recuperaré la libertad.

Pancho:

Por una parte lamento la situación en que se encuentra.
Pero por otra me alegra el que esté yo encargado de su
vigilancia. Me ha dado oportunidad de conocerlo y apreciarlo.

Víctor:

Pronto cambiarán las circunstancias, teniente. Y podremos jugar ajedrez en un ambiente más grato. (*Siguen jugando, mientras en otro sector del escenario actúan
Jorge y Raúl.*)

Raúl:

Rodríguez quiere vengar la muerte de los Carrera, comandante Alvarado. Usted comprenderá que es necesario
frustrar esos planes.

Jorge:

Comprendo doctor. Pero los resultados del proceso no
dan base como para. . .

Raúl:

¡La Logia Lautarina ha resuelto su eliminación! Y usted
sabe muy bien lo que la Logia decide, hay que cumplirlo.
(*Pancho, abandonando la escena con Víctor —que permanece pensativo ante el tablero—, se acerca a ellos.*)

Pancho:

¿Me mandó llamar, comandante?

Jorge:

Sí, teniente. El gobierno ha resuelto trasladar a Quillota al prisionero. Allí continuará sustanciando el proceso que se le ha iniciado. Tengo que recomendarle que vigile muy estrechamente la persona de Rodríguez.

Pancho:

Sí, mi comandante.

Jorge:

El doctor Monteagudo le dará mayores detalles, que usted debe conservar en estricto secreto.

Raúl:

En efecto. Se sabe que hay quienes intentan favorecer la fuga del prisionero. Por eso, se hace necesario redoblar las precauciones.

Pancho:

No tenga cuidado, doctor. La misión es muy fácil, porque... (*Se detiene.*)

Raúl:

¿Porque qué?

Pancho:

Bueno, porque... el prisionero no intenta escapar, a pesar de... y sobre todo, es hombre de palabra.

Jorge:

¿No le habrá estado dando facilidades, teniente?

Raúl:

(*Con un gesto hace que Jorge se retire.*) Mire, Navarro. Le voy a hablar con toda claridad. Hasta brutalmente, si se quiere. No se trata sólo de vigilar al preso; eso cualquiera lo puede hacer sino de buscar la ocasión propicia para eliminarlo.

Pancho:

(*Espantado.*) ¿Eliminarlo?

Raúl:

El interés de la Patria exige que desaparezca.

Pancho:

¡Pero. . .!

Raúl:

El gobierno consiente en la exterminación de ese sujeto, por convenir así a la tranquilidad pública y a la conservación del ejército. Y a usted le ha correspondido el honor de llevar a la práctica esa resolución.

Pancho:

¿El honor. . .?

Raúl:

Sí, señor. ¡El honor! Y lo hará durante el viaje a Quillota.

Pancho:

(*Yendo donde Jorge.*) ¡Pero, mi comandante. . .! ¿Usted está de acuerdo?

Raúl:

Naturalmente que lo está. Desde luego que contará usted con la seguridad de que será ampliamente recompensado por este gran servicio a la Nación.

Jorge:

Se le entregarán 2000 pesos. Y 75 pesos a cada soldado que usted escoja para la ejecución.

Pancho:

Con todo respeto, mi comandante, permita excusarme de esta misión.

Raúl:

¿Por qué?

Pancho:

Tengo mis motivos.

Jorge:

¿Qué motivos?

Raúl:

No interesan sus motivos personales. Conteste: ¿Es usted español?

Pancho:

Sí.

Raúl

¿Tiene alguna relación en este país?

Pancho:

¿En qué sentido?

Raúl

¿Familia?

Pancho:

No.

Raúl:

¿Y supongo que conoce el sentimiento de rencor que existe hacia sus paisanos?

Pancho:

Sí. Lo sé.

Raúl:

¿Y es usted oficial del ejército chileno?

Pancho:

Sí, doctor. Pero yo soy soldado profesional. Y siempre he cumplido con mi deber.

Raúl:

Precisamente, ¿Ve? Usted es la persona indicada. No dudamos de que es un buen soldado. Y como tal, debe obediencia a sus superiores, ¿verdad?

Pancho:

Sí, pero. . .

Raúl:

¡No hay peros que valgan! ¡Es una orden! No pretendo amenazarlo, teniente, pero comprenderá que este secreto no debe salir de entre nosotros. ¡Su misión es, por lo tanto, irrenunciable!

Pancho:
Pero si es un secreto entre nosotros, ¿qué garantía tengo de que no se desharán de mí, por temor a que pueda revelarlo?

Raúl:
Confíe en nuestra palabra. Una vez cumplida la misión, se le hará un simulacro de juicio, para calmar a la opinión pública. Pero después será ascendido y enviado al Perú. ¿Qué más puede desear? (*Se retira.*)

Jorge:
Basta de escrúpulos, teniente. Es por su propio bien. Camino a Quillota, cumplirá usted con la orden. Dirá que el prisionero intentó huir y se vio obligado a dispararle. O si quiere, que actuó en defensa propia. (*Se retira.*)

Pancho:
¡En defensa propia...! (*Como autómata vuelve a la celda de Rodríguez.*)

Víctor:
¿Qué le pasa, teniente? ¿Se siente mal? Parece que hubiera visto al mismo diablo en persona. (*Pancho se desploma en el pisito.*) ¡Vamos, anímese, hombre! Mire que a usted le toca jugar. (*Pancho, casi sin mirar, mueve una pieza.*) Pero, ¿qué está haciendo? (*Riendo, mueve una pieza.*) ¡Mate, teniente! (*Pancho se incorpora de un salto. Ingresan los otros cuatro actores, vestidos de negro.*)

Los cuatro:
¡Mate, teniente, mate! (*Pancho huye, se quita la chaqueta y queda de negro. Igual cosa hace Víctor, que avanza a ocupar el centro del escenario.*)

Jorge:
¡Anarquista!

Paula:
¡Demagogo!

Raúl:

¡Conspirador!

María:

¡Bandolero!

Pancho:

Convertiste, de medio en fin, la revolución.

Víctor:

¡No!

Paula y María:

Haciendo gala de luchar por la libertad,
la confundiste con negación de autoridad.

Víctor:

¡No es cierto!

Los cinco:

¡Nuestra independencia exige tu eliminación!

Jorge:

¡En nombre del orden!

Jorge y Raúl:

¡De la disciplina!

Jorge, Raúl y Pancho:

¡De la autoridad. . .! (*Disparan con revólveres que tenían ocultos en la cintura y con los que apuntaban a Víctor en la nuca. Víctor cae y queda tendido de espaldas. Los hombres lo rodean y simulan golpearlo. Las mujeres ríen cruelmente, como harpías. Luego, los hombres se retiran hacia el fondo. Las dos mujeres cesan de reírse; en seguida avanzan muy lentamente hacia Víctor y junto a él se arrodillan, llorando.*)

María y Paula:

¡Manuel! (*Los hombres avanzan hacia Víctor en otra actitud.*)

Pancho:

Has sido lo mejor de esta tierra.

Jorge:
   Con lo bueno y lo malo de un hombre cabal.

Raúl;
   Chispeante, generoso, patriota y audaz.

Los tres:
   ¡Tú eres el alma chilena!

Paula:
   (*Canta, mientras los demás permanecen inmóviles.*)
   Estás muerto en Til-Til,
   te asesinaron;
   botado como un perro
   te abandonaron.

   La libertad de Chile,
   de tus hermanos,
   fue el norte de tu esfuerzo
   no dado en vano.

   Desde hace siglo y medio
   te recordamos
   y aunque en el pueblo vives,
   hoy te lloramos.

Jorge:
   (*Luego de una pausa, deja de actuar, lo mismo que los demás actores, a excepción de Víctor, que sigue tendido en el suelo.*) ¡Listo! Bastante pasable, ¿no creen?

Pancho:
   No me gusta la parte final. Se sale del estilo.

Raúl:
   Tan refinado que te pusiste. ¡Estilo! Aquí hay un merengue de todo, mi viejo. Y ahí está la gracia.

Pancho:
   Me cargan las cuestiones vagas, simbólicas, expresionistas

179

o como quieran llamarlas. Realismo, es lo que se necesita.

Raúl:

¿O sea, que le den un balazo de verdad?

María:

A mí tampoco me gusta. Pero no por cuestiones de forma. Es el fondo el que está mal.

Jorge:

¿Por qué? Explícate.

María:

Es derrotista, sentimental.

Paula:

¡Claro! ¿Quieres cortarme el canto también?

María:

Se contradice con lo que queremos. ¡Esas lamentaciones por la muerte del héroe. . .!

Jorge:

El canto es muy bueno.

Paula:

¡Y si me lo cortan, yo no sigo con ustedes!

Jorge:

El canto queda, no te preocupes.

María:

Que quede o no, es lo de menos.

Paula:

¡Para ti. . .!

María:

Pero tiene que haber algo más. . .

Jorge:

¿Qué?

María:

No sé. . . Que no resulte dando una impresión pesimista.

Raúl:

Contrátate a Shakespeare para que nos arregle el asunto.

María:

No está claro el objetivo total. Y además temo que Manuel quede como estatuario, de cartón. No un personaje vivo.

Raúl:

¡Pero si está muerto hace tiempo! ¿No lo sabías?

María:

Hablo de vivo en espíritu. Y aquí, personificado en escena.

Raúl:

Culpa de Víctor, no más, que no resulte.

María:

No te hagas el gracioso. Lo presentado es demasiado esquemático. Didáctico, tal vez. Pero seco. ¿Logramos darnos una idea de lo que fue. . . de lo que es Manuel Rodríguez? Fuera de lo anecdótico, por supuesto. Tengo serias dudas al respecto.

Paula:

(*Que se ha acercado a Víctor.*) Levántate, Víctor. Invítame a tomar algo, que me muero de sed.

Jorge:

Yo te invito.

Pancho:

(*A María:*) Estoy de acuerdo contigo. Debemos probar otro final.

Raúl:

¿Y que no lo asesinaron? ¡Se pasaron!

Paula:

(*Que se ha inclinado sobre Víctor, asustada.*) ¿Qué te pasa Víctor? (*Todos prestan atención.*)

María:

¿Qué tiene? (*Se acerca a Víctor.*)

Raúl:

¡Qué gran actor! ¡Sigue muriendo su personaje!

181

Pancho:

Va a terminar por creerse Rodríguez de verdad.

Raúl:

¿No querías realismo? Ahí lo tienes.

Paula:

(*Corre donde Jorge.*) A Víctor le ha pasado algo. ¡Parece como si. . . estuviera muerto!

Jorge:

(*Acariciándola.*) ¡Cálmate, Paulita!

Raúl:

¡Eso es! Aprovéchate del pánico.

María:

(*Arrodillada junto a Víctor y sacudiéndolo.*) ¡Víctor! ¿Qué tienes?

Pancho:

(*Acercándose a María y tomándola de los hombros.*) Déjame ver.

Raúl:

Aprovecha tú también. ¿No ves que la están dando?

María:

¡Dime algo!

Pancho:

(*Tratando de examinarlo.*) ¿Le habrá dado un ataque?

María:

(*En un arranque pasional.*) ¡No lo toques!

Pancho:

¡Pero. . . María. . .!

María:

¡Lo mataron! (*Y se pone a llorar sobre Víctor.*)

Pancho:

¿Qué estás diciendo?

Raúl:

A éste se le rayó la sesera, de frentón.

Pancho:

(*A Raúl.*) ¡Cállate el hocico! ¿Quieres?

Jorge:

¿Quién lo iba a matar? ¿Y con qué? ¿Con balas de fogueo?

María:

¡Alguien le disparó de verdad!

Jorge:

¡Contrólate y no digas más disparates!

Raúl:

Te pasaste a una obra griega. Déjame ver qué tiene Víctor. Si andamos con este tipo de acusaciones... Que Pancho esté celoso de él, lo mismo que Jorge, no es como para...

Jorge:

¡Y tú le tienes envidia, maraco!

Raúl:

¡Repite lo que dijiste! (*Víctor se mueve.*)

Paula:

¡Está volviendo en sí!

Jorge:

¡Maraco!

Raúl:

¡Maraco será tu padre!

Pancho:

(*Interponiéndose.*) ¡Basta, ustedes dos! ¡Córtenla, por las requetecrestas! ¿Qué nos está pasando?

María:

(*Acariciándolo.*) ¿Cómo te sientes, Víctor?

Pancho:

¿Ves, histérica?

Raúl:

¡Ahí tienes a tu porquería de muerto!

183

Paula:

¡Lástima que surgió a la luz su gran secreto. ¡Y tanto que exigía el acuerdo! ¡Hipócrita!

María:

(*Sin hacer caso.*) Que alguien vaya a buscar a Orlando.

Raúl:

¿Cuál Orlando?

Jorge:

El estudiante de medicina. Ese que le gusta el teatro.

Raúl:

¡Ah! Yo creí que el Furioso.

María:

Víctor está muy mal.

Paula:

Y no podía estar en peores manos.

Pancho:

Yo voy.

Paula:

No, déjame a mí. Me da náuseas ver estas cosas. (*Se va por el pasillo de la sala.*)

Jorge:

(*Por María.*) Palabra que la creí más inteligente.

Raúl:

(*A Pancho.*) ¿Todavía te quedan esperanzas, mi viejo?
¡Ya, está bien, rómpeme la guitarra! (*Pero Pancho se retira a un costado del escenario.*)

Víctor:

(*Enderezándose.*) ¿Qué pasó?

María:

¿Cómo te sientes?

Víctor:

Bien. . .

Raúl:

Pero aquí todo quedó mal.

184

Víctor:

    ¿Cómo?

Raúl:

    Nuestra amiga nos acusó de haberte querido eliminar. ¡La hubieras visto. . .!

Jorge:

    Parecía una leona.

Raúl:

    La leona herida del Museo de la Ubre.

Víctor:

    Caí mal y me golpeé aquí. (*Señala la parte posterior de su cabeza.*) Pero ya me siento bien. (*Se levanta.*) Gracias, María.

Víctor:

    (*Sonriendo.*) Ya descansé lo suficiente.

María:

    Discúlpenme, compañeros. Estoy muy avergonzada. . .. No sé lo que me pasó, realmente. Ustedes saben que yo. . .

Víctor:

    Es el ambiente general que nos tiene a todos desquiciados.

María:

    Perdonen, pero perdí la cabeza. Siéntate mejor aquí, Manuel.

Pancho:

    ¿Manuel?

Raúl:

    ¿Dijo, Manuel, es qué?

Jorge:

    Parece que sigues con la cabeza perdida. (*María, avergonzada, va en busca de un cigarrillo en su cartera.*)

Pancho:

¡Qué no daría éste por ser como el héroe, siquiera un minuto en su vida!

Víctor:

¿Crees que ignoro que no le llego al talón?

Pancho:

¡Ah, menos mal!

Paula:

(*Que vuelve por el pasillo.*) Ayúdame, Jorge. No puedo ubicar el número.

Jorge:

Ya no hay necesidad.

Raúl:

Resucitó el muerto, antes del tercer día.

Paula:

¡Qué bueno! ¿Te sientes mejor?

Jorge:

(*Tomándola de un brazo.*) Ya se le pasó.

Víctor:

A medida que he ido haciendo el personaje, he ido pensando y sintiendo una serie de cosas. Y a lo mejor, ustedes también.

Pancho:

¿Como qué?

Víctor:

¿No sienten la inutilidad de todo esto?

María:

¿De qué?

Víctor:

De estar aquí encerrados, ensayando, como aislados de la realidad, pajeándonos, mientras todo se derrumba alrededor nuestro. . .

Pancho:

No podemos impedirlo.

186

Víctor:

Buscamos refugio en el teatro, queriendo olvidar. . ., escondiendo la cabeza como avestruces. . . O como esperando conseguir, a manera de exorcismo, alejar los demonios. . .

Raúl:

¿Y qué otra cosa podemos hacer?

Víctor:

Afrontar los hechos.

Pancho:

Eso lo hacemos.

Víctor:

¿Cómo?

Pancho:

Sobreviviendo.

Víctor:

Eso es soportar los hechos. No afrontarlos.

María:

¿Y qué propones. . .?

Víctor:

¿Qué importancia tiene el teatro, cuando el mundo se nos desploma en ruinas?

Raúl:

El golpe te desajustó los tapones, mi viejo.

Pancho:

Nos los desajustó a todos.

Raúl:

Hablo del costalazo de Víctor. No del otro.

María:

"Nuestro" mundo no está en ruinas.

Jorge:

¿Tú crees?

María:

¿Cómo puede estarlo, si aún está por construirse? Es

obvio que hay cosas más importantes que el teatro. Pero. . .

Víctor:

No tiene sentido este escapismo.

Pancho:

Bueno, ¿pero a dónde quieres llegar?

Víctor:

Sólo a esto: no continuar.

Paula:

Pienso exactamente lo mismo. Y que conste que yo lo dije antes.

María:

Pero, Víctor. ¿Cómo que no tiene sentido? Antes fuiste muy explícito cuando afirmaste que, por último, nos servía a nosotros para expresarnos, para saber que aún somos. . .

Víctor:

¡Exquisiteces! Diletantismos. "Expresión" de espíritus selectos. . . refinados. Resulta tan miserable, cuando vemos. . . ¡Cuando vemos que la gente se está muriendo de hambre! ¡Y nosotros. . . divirtiéndonos, "expresándonos". ¡Es simplemente criminal. . .!

Jorge:

¡Por fin parece que estamos de acuerdo! Intentar hacer teatro aquí, en este momento. . . ¡Y más con este tipo de obras. . .! Es completamente imbécil, suicida. Lo que hay que hacer es irse, es el único camino.

Paula:

O intentar algo comercial, que no nos comprometa. ¡Algo que podamos presentar, caramba!

Jorge:

Lo mejor es irse, decididamente a otra parte, como han hecho tantos. Y les ha ido bien. En otros lugares es posible trabajar en buenas condiciones. No muriéndose de miedo. ¡Y ganando buen billete, encima! Acá no hay caso. Esto no tiene salida. Y cada día se pone peor. Después, más adelante, cuando se pueda, regresaremos. ¿No creen?

Víctor:

Ni se me ha ocurrido pensar que debamos irnos. Dije de no continuar, pero haciendo teatro. De cualquier tipo que sea. Que lo artístico se vaya a la misma mierda. Eso es lo que no tiene sentido en este momento. ¿Han olvidado que Rodríguez abandonó su profesión de abogado, porque había algo más urgente que hacer? Lo mismo pasa ahora, ¿no les parece?

Raúl:

¿Te dio por creerte el personaje? ¡Ten cuidado, mi viejo, si llegas a pasar por Til-Til!

Pancho:

Aunque no quieras abandonar tu profesión, ¿te dejan ejercerla si estás marcado?

Jorge:

¿Ven? Cada vez me dan más la razón. ¿Qué se saca con nadar contra la corriente? ¡Ahogarse! Hay que ser prácticos. ¿Esto no sirvió? Vamos a otra cosa, entonces, pero sin perder el tiempo.

María:

Al decir que no sirvió, ¿te refieres a esta obra, al teatro... o a tus convicciones?

Jorge;

¿Qué tienen que ver mis convicciones...?

María:

Mucho. Porque a pesar de nuestras diferencias, creí que teníamos la misma posición.

Jorge:

Por eso estoy aquí. Me estoy refiriendo al teatro, naturalmente.

María:

Entonces, no abandones la causa.

Paula:

(*Sardónica.*) ¡Causa. . .!

María:

No estoy hablando contigo.

Jorge:

¡Claro que no! ¿Vas a confundir sentido práctico
con. . . con traición?

Raúl:

¿Por qué no? Hay traiciones de lo más prácticas. ¡Y
hasta pagan 30 monedas!

Jorge:

A ti no te voy a responder, cianuro. Una patada en el
hocico, sería poco.

Raúl:

¡Ay, qué miedo! ¡Atrévete, pues. . .!

Paula:

Yo me largo. Donde pueda realizarme. Y antes de que
sea tarde. La vida es demasiado corta, para desperdiciarla
estúpidamente con "convicciones" y causas perdidas. (*A
María:*) Ahora soy yo quien corta mis escenas. Y para
siempre. Te dejo todo el campo libre para adorar ¡a
Manuel! (*Ríe:*) Bye-bye. Sigan con sus problemitas de
resentidos. ¡Yo parto a vivir! (*Baja hacia el pasillo.*)

Jorge:

¡Espérame, Paula! Yo también voy. Entiendan, compañeros, que estoy de acuerdo con ustedes, pero. . . Yo me

quedaría, palabra, si supiera que hay una salida concreta, pero. . . ¡Compréndanme! Hay que buscar otros horizontes, ¿no es cierto? Y ustedes saben muy bien que esto no da para más. . .

María:

Te entendemos muy bien, ¡desgraciadamente!

Paula:

(*Desde el pasillo, volviéndose.*) ¿Quién te crees que eres, oye? ¿Juana de Arco? ¡Qué grupo increíble de fracasados! Tienen a Manuel Rodríguez, a Juana de Arco. . . (*Por Pancho.*) Tú te debes sentir Marat. ¿O Robespierre, no? (*Por Raúl.*) ¿Y tú, quién? ¿El bufón del rey?

Raúl:

¡Yo seré bufón, pero tú eres Paula la Grandísima. . .!

Jorge:

¡Cállate!

Paula:

(*Yéndose definitivamente.*) ¡Pobres diablos fracasados!

Pancho:

(*A Jorge:*) Corre, apúrate, que se te va tu. . .

Raúl:

¡Cleopatra!

Pancho:

Y si eres tan práctico y quieres quedar bien a flote, sin miedo de ahogarte, por si acaso aquí queda un puñadito de sediciosos. . .

Jorge:

¡Carajo! ¡Son ustedes tan cerrados como los. . . otros! ¡O peores! El irme no significa renegar de mis ideas. . .

María:

Sólo que las adaptas, te entendemos.

Jorge:

Sectarios hasta la pared del frente. ¡Imposible entenderse con ustedes! ¡Paula, espérame! (*Se va por el pasillo.*)

Víctor:

¡Que les vaya bien! ¡Y saludos!

Raúl:

(*Se adelanta con solemnidad, creándose de inmediato "otro ambiente".*) "A todos ustedes se les hará renegar con respecto a mí esta noche, porque escrito está: 'Heriré al pastor y serán esparcidas las ovejas del rebaño.' "

Pancho:

"Aunque a todos los demás se les haga renegar con respecto a ti, ¡nunca se me hará renegar a mí! "

Raúl:

"En verdad te digo: Esta noche, antes que un gallo cante, me repudiarás tres veces."

Pancho:

"Aun cuando tenga que morir contigo, de ningún modo te repudiaré." (*Raúl se retira a un costado. María y luego Víctor, se acercan a Pancho.*)

María:

"Este hombre también estaba con él."

Pancho:

"No sé de qué hablas."

María:

"Tú también eres uno de ellos."

Pancho:

"No lo conozco ni entiendo lo que dices."

Víctor:

"Ciertamente tú también eres uno de ellos, porque, de hecho, tu dialecto te denuncia."

Pancho:

"¡No conozco al hombre de quien hablan! " (*Luego, comprendiendo, se va al otro costado, muy abatido, concluyendo la escena.*)

Raúl:

¡Yo también me voy...! (*Todos lo miran sorprendidos.*) Me voy a tomar un tecito, para engañar el estómago.

María:

(*Sonriendo.*) Espérate un rato. ¡Entonces, nos quedamos!

Pancho:

(*Dirigiéndose a Víctor.*) ¿Ensayando?

María:

Ensayando y todo lo demás.

Víctor:

No sé qué decirte...

María:

¿Piensas que estamos preparados para otro tipo de acción?

Víctor:

No. Pero alguna vez habrá que aprender.

María:

Muy bien, pero entretanto podemos aportar lo nuestro.

Víctor:

¿Cómo? ¿Haciendo esta obrita irrepresentable?

María:

¿Quién dijo? Por supuesto que no podemos presentarnos en un teatro formal. Ni hacerle propaganda.

Raúl:

Ni dar autógrafos a mi pléyade de admiradoras.

Pancho:

Ni ganar plata.

193

Raúl:

¡Qué lástima!

María:

¿Pero qué habría hecho Manuel Rodríguez en un caso así y estando en nuestro lugar? ¿Saben lo que pienso? Se presentaría clandestinamente, aunque fuera para diez espectadores cada vez. Para levantar el ánimo de nuestra gente, que bien lo necesita, para unirla más, para volver a encender el entusiasmo. ¡Eso creo que haría! ¿Y es acaso ésta una acción menos valerosa y urgente?

Víctor:

Cierto. He sido un imbécil. Diste justo en el clavo, María. Ese es precisamente el legado de Rodríguez: ¡Mantener viva la esperanza, sin desmayar!

Pancho:

¡Claro! Ayudar a vislumbrar el futuro que se viene. . .

María:

¡Sí! ¡Que se viene galopando, como Manuel, por las alamedas!

Raúl:

Lástima que quedemos tan pocos. . .

Víctor:

Te equivocas. Somos muchos.

Raúl:

Digo. . ., para continuar realizando esta obra. Apenas cuatro. . .

Víctor:

Más que suficiente.

María:

La adaptamos y corregimos el final. ¿Acaso no somos nosotros los autores?

Víctor:

Aunque al héroe lo asesinen, de todas maneras, al final. Pero no olvidemos que hay muertes que dan vida.

Raúl:

(*Canta.*)

Que Dios mejore tu suerte
mi Chile bello y glorioso;
que luche tu pueblo airoso
para siempre altivo verte.[9]

Víctor:

Quisiera ensayar la caída. Para no quedar *knock out* de
nuevo.

Raúl:

(*A María:*) ¡Y cuidadito con ponerte a aullar de nuevo!

María:

¡Ya, no me lo recuerdes. . .! Y tú, déjate de hacer chistes y bromas.

Raúl:

Al contrario, voy a hacer muchos más. La risa es buena
para la digestión.

Pancho:

¡Claro! ¡Sobre todo ahora, que comemos tanto. . .!

Víctor:

(*Que se ha puesto en el pisito correspondiente a la escena del ajedrez.*) ¿Qué le pasa, teniente? ¿Se siente mal?
Parece que hubiera visto al mismo diablo en persona.
(*Pancho, un poco desconcertado, no sabe si responder a
Raúl, pero comprende que ya Víctor está actuando, de
modo que toma su rol y se desploma en el otro pisito.*)
¡Vamos, anímese, hombre! Mire que a usted le toca jugar. (*Pancho mueve una pieza del ajedrez.*) Pero, ¿qué
está haciendo? (*Riendo, Víctor a su vez mueve otra
pieza*) ¡Mate teniente! (*Pancho se incorpora de un salto. Ingresan Raúl y María.*)

[9] Del poeta popular Pedro González.

Raúl y María:

¡Mate, teniente, mate! (*Víctor pasa a ocupar el centro del escenario.*)

Raúl:

¡Anarquista!

María:

¡Demagogo!

Raúl:

¡Conspirador!

María:

¡Bandolero!

Pancho:

Convertiste, de medio en fin, la revolución.

Víctor:

¡No!

María:

Haciendo gala de luchar por la libertad,
la confundiste con negación de autoridad.

Víctor:

¡No es cierto!

Los tres:

¡Nuestra independencia exige tu eliminación!

Pancho:

¡En nombre del orden!

Pancho y María:

¡De la disciplina!

Pancho, María y Raúl:

¡De la autoridad. . .! (*Se aprestan a disparar.*)

Víctor:

¡No! (*Volviéndose a ellos.*) ¡No podrán matarlo jamás!
Está vivo, respirando, latiendo junto con nosotros. ¡Escuchen! ¿No oyen su caballo? ¡Se acerca! (*Corre en dirección hacia el público.*) ¡Viene! ¡Viene galopando por las alamedas! ¡Porque no ha muerto! ¡Unámonos

a él! ¡Salgamos a encontrarlo! (*Raúl, Pancho y María se movilizan por el escenario.*)

Víctor:

De uno al otro extremo de esta tierra.

María:

Viene Manuel.

Víctor:

Y se abrirán las grandes alamedas. . .

Raúl y Pancho:

Vamos con él.

María:

Manuel Rodríguez ya viene avanzando.

Víctor:

Ayudémosle con nuestro esfuerzo, hermanos;

Pancho:

La esperanza viene galopando.

Raúl:

Por las pampas, cordilleras, bosques, llanos.

María:

Con él se acerca nuestra libertad;

Víctor:

¡Estremézcanse, siniestros tiranos!

Pancho:

Pues rompe el aire su grito inmortal:

Todos:

¡Aún tenemos Patria, ciudadanos!

TELON

Santiago, 1975

JORGE ENRIQUE ADOUM

Poeta, dramaturgo y novelista ecuatoriano, vive y trabaja en Francia. De 1945 a 1947 residió en Chile, donde fue secretario privado de Pablo Neruda. Es autor de *Ecuador amargo, Los cuadernos de la tierra, Notas del hijo pródigo*, "Dios trajo las sombras" (premiada por Casa de las Américas en 1960 en mención poesía). *Curriculum Mortis. Prepoemas en postespañol.*

Exdirector Nacional de Cultura en su país, recorre Asia y Cercano Oriente. En 1976 publica su primera novela *Entre Marx y una mujer desnuda* (México: Siglo XXI) cuyo tema fundamental es "el desgarramiento del hombre contemporáneo entre su sociedad y su individualismo".

La obra que hemos seleccionado, *El sol bajo las patas de los caballos*, fue estrenada y publicada primero en francés en Suiza (1970) y en Francia (1973). François Rochaix la puso en escena en Ginebra en el teatro de L'Atelier. Ha sido representada en Latinoamérica, en Lima, Caracas, Bogotá y La Habana. La Revista de Teatro *Conjunto* la publicó en su número 14 de 1972. Adolfo Cruz-Luis al redactar el preámbulo de dicha obra en *Conjunto* comenta que al releer el cuento de Adoum "De Caballos y otras cosas" había en él un antecedente de la obra. "Adoum, dice C-L, utilizaba el caballo, y su jinete, para simbolizar la represión y el poder envilecido... En *El sol bajo las patas de los caballos* el símbolo en cuestión se transparenta por completo y encuentra su contrario: el sol. A partir de esta dicotomía 'sol-caballo' pueden establecerse las correlaciones que explican el significado primero y último de la obra: sol-inca-conquistado-explotado; caballo-conquistador-explotador."

Teatro Documental Latinoamericano Tomo I

editado por la Dirección General de Publicaciones,
se termino de imprimir en los talleres de Litográfica
Electrónica, S. A. el día 31 de agosto de 1982.
Se hicierón 1500 ejemplares.